이부진
스타일

이부진 스타일

최고에게 배우는 고급 자기 혁신법

Style

· 김종원 지음 ·

살림

프롤로그

이부진처럼
삶의 로드맵을 만들어라

2010년에 있었던 이부진의 사장 승진은 그야말로 충격적이었다. 이부진은 뛰어난 경영 수완으로 매출증대의 성과를 올리며 능력을 인정받고 있기는 했으나, 당시는 그룹 내 승진 요건인 전무 근속연한 3년을 다 채우지 못해 부사장 승진조차 확신할 수 없는 상황이었다. 그럼에도 불구하고 부사장 자리를 뛰어넘어 무려 두 계단이나 승진해 사장 자리에 임명됐다.

충격적인 일은 거기에 그치지 않았다. 이부진

은 기존 호텔신라와 에버랜드의 경영직은 물론이고 삼성물산 고문직까지 동시에 맡았다. 에버랜드와 호텔신라의 사장을 맡는 것은 그런 대로 이해할 수 있지만 삼성물산까지 관여한다는 것은 의미가 좀 다르다. 삼성물산은 삼성그룹의 순환출자 구조에서 중요한 고리 역할을 하는 계열사이기 때문이다.

결국 나는 이런 이부진의 행보를 보면서 '오르지 못할 나무는 없다'는 말을 떠올렸다. 제 아무리 높고 불가능해 보여도 결국 계속 오르기 위해 시도하는 자가 오르게 되어 있는 것이다. 오르지 못할 나무는 없다. 당장은 오르는 게 불가능할 것 같다는 생각이 들더라도 오를 수 있다는 믿음으로 포기하지 말고 성장을 위한 열망을 가져야 한다.

물론 이부진과 여러분은 다르다. 모든 여성이 평등하게 태어난 것은 아니다. 하지만 나는 분명히 말하고 싶다. 시작은 다르지만 과정과 결과는 철저하게 비교해 보고 평가를 받아야 한다. 시작은 어찌할 수 없는 부분이지만 그 이후는 철저하게 자신의 행동으로 좌우될 수 있다.

우리나라에는 총명한 여성들이 많다. 나는 그들이 자신에게 있는 능력을 키워 나간다면 분명 한국에 큰 변화를 줄 위대한 여성으로 성장할 수 있다고 확신한다. 나는 한국을 책임질 최고의 여성을 더 많이 만들고 싶다는 욕심으로 『이부진 스타일』을 집필하기로 결심했다. 그러므로 이 책에서 여성잡지에서나 다룰 만한 추측성 기사나 자극적인 내용을 기대한다면 당장 이 책을 덮고 여성잡지를 읽기를 바란다.

내가 이부진에 대한 글을 쓰고 있다고 하니 대다수 여성들은 이부진의 감춰진 진실, 의혹, 비리 등을 궁금해했다. 나는 그런 내용을 담아 책을 쓰면 100만 권이 팔린다고 해도 절대 그런 책을 쓰지 않을 것이다. 그건 독자의 주머니에서 돈을 꺼내는 일 그 이상의 어떤 가치도 만들지 못하기 때문이다. 내가 아주 간절하게 원하는 것은 이부진의 삶에서 그녀의 장점을 꺼내 독자의 삶에 접합시키는 것이다. 그리하여 더 많은 여성들이 최고의 여성이 되는 일이다.

당신도 가능하다. 이부진을 범접할 수 없는 높은 곳에 있는 사람이라고 생각하지 마라. 최고를 이겨야 최고가 될 수 있다. 이 책을 읽은 당신은 머지 않아 최고의 여성이 될 수 있으리라 확신한다.

김종원

차례

프롤로그 이부진처럼 삶의 로드맵을 만들어라 4

chapter 1 모든 걸 다 가지고 싶은 그대를 위한 롤모델, 이부진

내 삶을 이끌 멋진 여성 롤모델을 찾아서 15
멈추지 않는 이부진 효과 20
가장 고통스런 순간이 최고의 근육을 선물한다 25
더 이상 세상의 들러리에 머물지 마라 30
내 청춘 조금 더 독하게 35
그대 인생을 바꿀 광풍을 불러일으켜라 41

chapter 2 현실이 시시하다면 고급 공부를 시작하라

아주 특별하고 놀라운 삶을 살아라 49
이부진의 경영학 55
이부진의 고급 독서법 61

'생각만 하던 것'을 '생각해 내게 만드는' 걷기의 힘　72
1,000권의 독서가 인생을 바꾼다　77
효과적인 자기계발을 위한 3시간 수면법　83
평정을 잃지 않는 마음관리법　90
잠재력을 볼 수 있는 안목 기르기　98
이부진의 힘은 자기관리법에서 나온다　106

chapter 3　이부진의 논어 경영

수준 높은 인생을 위한 선택　113
끝까지 완벽하게 이기는 삶을 위한 선택　120
일을 즐겨라　125
상생할 수 있는 환경을 만들어라　131
나보다 주변을 먼저 생각하자　137
다른 사람에게 책임을 돌리지 마라　142
함께 일하고 싶은 진짜 리더가 되는 법　147
현명하게 세속적으로 살아라　152
눈앞의 욕심에 현혹당하지 마라　156

내 메뉴는 내가 고르자   159
하나의 의견에 치우치지 마라   164
당신이 맡은 일을 누구보다 민첩하고 끈기 있게 추진하라   169

chapter 4   이부진 패션 스타일 따라잡기

심플함과 절제의 미학   177
명품보다는 나만의 개성을 살릴 수 있는 것에 집중하라   180
T.P.O로 보는 이부진 스타일   185
이부진의 스타일링을 훔치다   192

chapter 5   미래가 기대되는 전략기획자로 성장하라

후계자의 필수관문, 전략기획   207
우리에겐 왜 전략이 필요한가?   212
생각의 중심에서 양극단을 바라보라   217
눈에 보이지 않는 것을 찾아라   225
더 많은 것을 몸소 체험하라   231

상식을 모두 파괴하라　236
지금까지 아는 것은 모두 잊고 시작하라　241

chapter 6 바로 지금 세상과 승부하라

젊은 시절은 생각 이상으로 짧다　249
우리는 모두 변할 수 있다　254
'건강이 최고다'라는 피난처에서 벗어나라　261
힘이 있는 자가 주도권을 쥔다　267
당신은 생각보다 멋진 여자다　272
그대의 영향력을 폭발시켜라　277
절대, 절대, 절대로 태어난 그 자리에 만족하지 마라　281

에필로그 실력을 갖추지 않은 채
　　　　'레이디 퍼스트'를 요구하지 마라　286

chapter
1

모든 걸 다 가지고 싶은
그대를 위한 롤모델, 이부진

내 삶을 이끌 멋진
여성 롤모델을 찾아서

 어느 날 책을 읽다가 잠시 무심한 표정으로 창밖을 바라보고 있을 때였다. 마침 TV에서는 아이들에게 한창 인기 있는 퀴즈 프로그램이 방영되고 있었는데 이런 문제가 나왔다.

"다음 문제는 인물을 알아맞히시면 됩니다. 현모양처!"

질문을 듣자마자 나는 거의 반사적으로 이렇게 외쳤다.

"신사임당!!!"

2010년에 한 구직 포털사이트에서 대학생 865명을 대상으로 '내 인생의 롤모델'을 설문조사를 한 적이 있다. 여대생들이 꼽은 롤모델은 한비야 전 월드비전 국제구호팀장이 1위를 차지했으며, 2위는 어머니, 3위는 신사임당, 4위는 김연아 선수였다. 물론 모두가 자기 분야에서 존경을 받아 마땅한 사람들이다.

하지만 이젠 좀 바뀌어야 하지 않을까? 이는 대학생 대상 설문이었지만 아마 30대 여성들에게 물었어도 거의 비슷한 사람이 등장했을 것이다. 어떻게 이 많은 여성들이 모두 같은 사람을 롤모델로 삼고 있는 것일까? 이 책은 그 궁금증으로부터 시작되었다. 생각해 보면 남자들의 롤모델은 굉장히 많다. 하지만 여자들이 본받을 수 있는 롤모델은 한비야, 신사임당 그리고 어머니를 제외하면 딱히 떠오르지 않는다. 물론 모두가 자신의 꿈을 찾아 나서서 그 꿈을 이룬 훌륭한 사람들이다. 하지만 나는 한국의 여성들이 자신의 꿈을 이루는 데 만족하지 않기를 바란다.

자신의 꿈을 이루고 마침내 세상을 변화시킬 수 있는 영향력을 가진 사람으로 성장하기를 소망한다. 그래서 나는 그것을 실현할 수 있는 전혀 새로운 롤모델이 필요하다고 생각한다.

얼마 전 '차세대 뉴리더 설문조사에서 이부진이 여성으로서 전체 1위를 기록했다'는 기사를 접했다. 여기서 나는 이부진이 1위를 했다는 데 주목했다. 1등은 삼성가 프리미엄이 있다고 해서 얻을 수 있는 등수가 아니다. 1등은 그냥 주어지지 않는다. 가능성이 있고 미래가 기대되기 때문에 사람들의 호응을 얻어 1등을 한 것이다. 사실 이부진 역시 스스로 '삼성가 프리미엄을 얻고 있다'는 이야기를 듣지 않기 위해 치열하게 노력했다.

최근 20대 초반에서 30대 중반의 여성들을 만나 보면서 많은 여성들이 이부진에 대한 궁금증을 가지고 있고 그녀가 가진 능력을 부러워하고 있다는 걸 알 수 있었다. 그래서 그녀의 패션 아이템

하나하나가 여성들의 로망이 되고 있는 상황이다. 이부진은 현재 호텔신라의 대표이사 사장, 삼성에버랜드 경영전략담당 사장, 삼성물산 상사부문 고문이라는 엄청난 직책을 가지고 있다. 물론 아버지가 이건희가 아니었다면 지금 그녀가 가지고 있는 직책 중 하나를 갖는 것조차 굉장히 어려웠을 것이라는 사실은 분명하다. 하지만 생각을 거기에서 멈추면 일반인의 범주에서 벗어날 수 없다.

이부진은 자리를 물려받기는 했지만 그 자리에 어울리는 합당한 사람이 되기 위해 치열하게 준비했다. 예정된 자리에 앉기 위해 단지 세월만 보낸 게 아니라 자신의 모든 것을 그 자리에 맞게 계발했다는 것이다. 그래서 진정한 최고가 되었다.

이부진을 알고 있는 사람들과 곁에서 함께 일을 하고 있는 사람들은 하나같이 그녀의 모든 부분에 대해 극찬을 아끼지 않는다. 사람도 좋고, 일도 매우 열심히 하며, 감성적이고, 창의적인 부분에서도 독보적인 능력을 발휘한다고 한다. 그리고 또 하나. 곁에서 느껴지는 포스가 엄청나다고 말한다. 신사임당과 유관순은 이제 잊어라. 그녀들은 이제 역사 시간에만 기억해도 충분하다. 여기 여러분의 삶을 바꿀 롤모델 이부진을 소개한다. 그녀가 지닌 포스와 능력을 배울 수 있기를 바란다. 그 배움을 통해 당신도 이부진처럼 멋진 삶을 만들어 나갈 수 있을 것이라 믿는다.

멈추지 않는 이부진 효과

이부진은 2001년 호텔신라 부장으로 일을 시작했다. 호텔신라는 이부진이 입사한 다음 해인 2002년 이후 연평균 15% 정도씩 성장했고 세전 이익도 2002년 99억 원에서 2008년 300억 원 수준으로 3배나 늘었다. 호텔신라가 이렇게 비약적인 발전을 할 수 있었던 결정적인 요인은 이부진의 치밀한 경영에 있다. 그녀는 호텔신라 입사 이후 가구 배치, 색깔 하나하나, 음식 차림까지 날카롭게 판단하고 업그레이드를 요구하는 치밀하고 깐깐한 모습을 보였다.

또한 하나하나 스스로 확인하는 현장경영을 펼쳤다. 보통 다른 임원들은 상황을 모른 채 외부에서 판단하며 지시를 내리지만 이부진은 직접 객실에 투숙해 손님의 관점에서 문제점을 발견하고 해결해 나갔다. 현장경영으로 모든 문제를 해결해 나가니 자연스레 현실감각이 돋보이는 지적을 할 수 있었다. 다른 임원들은 좀 더 고급스러운 분위기를 내는 데 급급했지만 그녀는 달랐다. 손님의 입장에서 생각하며 가장 민감하게 느끼는 온도, 습도, 공기청정도, 이 3가지를 꼼꼼하게 기록했다. 그리고 이를 바탕으로 객실의 최적화 수치를 자동 시스템으로 구축해냈다.

이렇게 완벽하게 일을 처리하니 성과가 나오지 않을 수 없었다. 조금 과장하자면 호텔신라의 경영은 이부진 이전과 이부진 이후로 나눌 수 있을 정도로 이부진 체제 이후 비약적으로 성장했다. 일단 일을 맡으면 추진력을 잃지 않는 성격이 호텔신라의 경영방식을 획기적으로 바꾸고 성과를 꾸준하게 이어가는 힘이 되고 있는 것이다.

최근에는 놀라운 일이 일어났다. 2010년 12월 3일 오전 11시. 호텔신라의 주가가 전일 대비 6.16% 상승하는 우상향 곡선을 그렸다. 이날 대체 호텔신라에 무슨 일이 있었기에 무려 6% 이상 주가가 상승하는 일이 벌어진 걸까? 이 사건을 일으킨 주인공 역시 12월 3일에 시행된 삼성그룹 인사에서 두 계단 고속승진하며 사장에 오른 이부진이었다. 이부진의 파격 승진 소식에 호텔신라우, 삼성물산우, 호텔신라, 삼성물산 등이 3~8%가량 급등세를 나타냈던 것이다.

또한 최근엔 면세점 시장에서 벌어졌던 '삼성-롯데가(家) 딸들의 전쟁' 역시 이부진의 승리로 마무리됐다. 루이뷔통이 세계 최초로 공항면세점에 매장을 내는 일인 만큼 유치를 둘러싼 경쟁에는 세간의 이목이 집중되었다. 이는 곧 인천공항에서 경쟁적으로 면세점 사업을 벌이고 있는 호텔롯

데와 호텔신라의 자존심 싸움 양상으로 번졌는데 결국 이부진이 이긴 것이다. 이부진의 승리로 많은 것이 달라졌다. 루이뷔통의 인천공항 신라면세점 입점이 결정되면서 향후 시장 점유율에 대한 관심도 높아졌기 때문이다. 그동안 균형을 맞춰 오던 점유율이 신라면세점 쪽으로 기울지 않을까 하는 분석이 나오고 있다. 기대는 여기에서 멈추지 않는다. 업계에서는 루이뷔통 때문에 집객력이 큰 인천공항에서 홍콩, 싱가포르, 중국 베이징 등으로 움직이는 환승객들의 발길을 사로잡을 것이라는 기대를 하고 있다.

상상하지 못했던 엄청난 일들이 한 사람에 의해 일어나고 있다. 이 모든 게 바로 '이부진 효과'다. 이 정도가 되면 분명 '효과'라는 말을 붙일 만하다. 지금 이부진의 기세를 보면 이부진 효과는 평생 멈추지 않고 지속될 것처럼 보인다. 이부진의 패션, 메이크업 그리고 그녀가 보는 영화와 뮤지컬까지 검색어 순위에 오르고 기사가 될 정도다. 광풍처럼 휘몰아치는 이부진 효과가 언제까지 갈지, 또 어디까지 그 범위가 확장될지 주목된다.

가장 고통스런 순간이
최고의 근육을 선물한다

프로메테우스는 인간에게 불을 선물한 티탄족이다. 인간에게는 고마운 일이었지만 제우스의 곳간에 보관되어 있던 불을 몰래 훔쳐냈기 때문에 제우스의 분노를 사게 된다. 인간에게 신의 비밀을 누설한 죄로 프로메테우스는 카프카스 산의 바위에 묶였고 신은 독수리를 보내 프로메테우스의 간을 쪼아 먹게 만들었다. 멀쩡하게 눈을 뜨고 살아 있는데 간을 쪼아 먹겠다고 달려드는 커다란 독수리를 바라봐야 하는 심정, 이는 아마 말로 다 전할 수 없을 정도로 괴로울 것이다. 하지만 그보다 더 지독한 고통은 산산이 분해된 간이 끊임없이 재생된다는 것이었다. 프로메테우스는 간을 잡아 뜯기는 고통에 몰려 점점 더 깊이 바위에 밀려 들어갔고 결국 바위와 하나가 되었다. 고통과 하나가 된 삶을 살게 된 것이다.

이부진 역시 그렇다. 이부진은 산꼭대기에 묶인 채 독수리에게 매일 간을 쪼이는 프로메테우스 같은 삶을 살고 있다. 사업의 속성상 끊임없이 새로운 가치를 내놔야 하고 한 번 삐끗하면 몇 년간 번 돈을 모두 날려버리기 때문에 항상 피를 말리는 나날의 연속이다. 잘못된 결정 하나로 수백, 수천억을 잃게 될 수 있다. 게다가 이부진이 이끄는 회사가 대기업이다 보니 그녀 또한 대중과 언론의 주목을 받고, 있지도 않은 일에 대한 소문에 시달리는 것이 현실이다.

그 스트레스는 우리가 상상하기 힘들 정도로 엄청날 것이다. 우리는 '스트레스를 풀고 살아야 한다'고 말을 하지만 이부진은 절대 스트레스를 '풀지' 않는다. 쉽게 이해하기 힘들지만 사실 한 기업의 수장 역할을 하는 사람은 스트레스를 풀기보다는 안고 가야 한다.

야구를 예로 들어 보자. 9회 말 투 아웃에 주자는 만루. 투수가 상대해야 할 타자는 다행히 타율이 가장 낮은 9번 타자다. 하지만 만루 상황에서 투수는 긴장하게 마련. 감독이 타임을 불러 마운드로 올라갔다. 이때 감독이 투수에게 하는 말에 따라 경기의 결과는 완전히 달라진다.

감독이 '스트레스 받지 말고 최선을 다하면 된다'고 말하는 경우 그 경기는 반드시 진다. 오히려 심호흡을 함께해 주며 긴장의 끈을 놓지 않도록 하면 이긴다. 스트레스가 필요한 순간에는 스트레스를 풀지 말고 받아들여야 한다. 스트레스를 통해 그 상황에 몰입할 수 있기 때문이다. 하루에도 몇 번씩 피를 말리는 순간을 맞이하는 이부진의 경우에는 잠을 자기 전까지 스트레스를 풀지 못한다. 그게 여러분이 알지 못했던 이부진의 고통스러운 현실이다.

하지만 이부진 스타일의 삶을 살고 싶다면 이 정도의 고통은 이겨 낼 준비가 되어 있어야 한다. 물론 '젊은 시절에 성공하는 것에 대해서 어떤 태도를 취할 것인가'는 달라질 수 있다. 개인의 선택이기 때문이다. 아마 상당수의 젊은이들은 '찬란한 젊은 날'을 누리고 싶어할 것이다. 그러고는 젊었을 때 놀고 즐기며 할 수 있는 건 다 해야 한다고 말할 것이다. 물론 충분히 이해할 수 있다. 그러나 그 댓가는 치러야 한다. 명심해야 할 것은 평범한 사람들과는 전혀 다른 방식으로 삶을 살았던 덕분에 성공한 사람들은 찬란한 젊은날을 상당부분 인내와 노력으로 보낸 사람들이라는 것이다.

당신의 젊음이 찬란하면 할수록 중년 이후 당신의 어깨는 더 처질 것이다. 젊었을 때 신 나게 노는 데 돈을 다 써 버려서 늙어서는 돈도 없이 비참하게 되는 상황을 한번 상상해 보라. 돈을 벌

능력도 없는 처지에 명품 브랜드 상품을 사느라 카드빚에 시달리면서도 "이 모든 게 있는 놈들 때문이야. 그들이 세상을 지배하고 있기 때문에 희망이 없어."라고 말하는 어리석은 젊은이들이 너무나 많다.

지금 그들이 욕하고 있는 '있는 놈들'은 절대 그들처럼 청춘을 보내지 않았다. 결국 당신처럼 살지 않아서 당신처럼 되지 않을 수 있었다. 미래를 위해 젊은 날을 투자하라. 가장 고통을 많이 겪은 근육이 최고의 선물을 안겨 줄 것이다.

더 이상 세상의 들러리에 머물지 마라

삼성 내부에서는 이부진 사장의 승진 자체보다는 삼성물산으로 외연을 확대한 것에 더욱 큰 의미를 부여하고 있다. 사실 이부진은 2010년부터 삼성물산 건설부문에 대한 경영진단에 직간접적으로 관여하는 등 건설부문에 깊은 관심을 보여 왔다. 특히 건축은 디자인이 생명이라는 소신 때문에 건설부문에 애착을 가지고 있다. 삼성그룹 내부에서는 사실상 이부진이 삼성물산을 컨트롤한다는 시각이 많다. 뿐만 아니라 삼성물산은 삼성의 차세대 주력사업과 관계가 깊은 바이오광물 사업 등과 연관이 있기 때문에 더욱더 중요한 부문이라고 볼 수 있다.

더구나 삼성물산은 고 이병철 삼성 창업주의 토대가 된 곳인 데다 주요계열사 지분을 두루 보유해 그룹 내 상징성이 높다. 이건희 회장이 이번 인사를 통해 삼성물산을 이부진의 활동영역으로 공식 인정한 까닭에 향후 승계과정에서 이부진이 이재용의 들러리 역할에만 머물지는 않을 것이라는 가능성도 더욱 높아지고 있다.

이부진의 광폭행보 뒤에는 강력한 성장에 대한 집념이 자리 잡고 있다. 호텔신라의 상무 시절이던 2007년에는 첫째 아이를 출산했는데, 출산 사흘 만에 사무실에 출근해서 정상적으로 업무를 처리했다. 이게 바로 보통 사람들이 보는 그녀에 대한 시각과 현실의 괴리다. 사람들은 그녀가 우아한 자태로 책상 앞에 앉아 있다가 결제만 몇 번 해 주곤 퇴근해서 화려하게 시간을 보낼 것이라고 생각한다.

 이부진은 또한 오빠 이재용과의 승부에서 철저하게 이기고 싶다는 욕망을 가지고 있다. 호텔신라 임원 출신의 한 인사에 따르면 2010년 이재용이 외국 바이어와 함께 호텔신라에서 식사를 한 적이 있었다고 한다. 문제는 이재용이 이부진에게 식사 메뉴였던 스테이크 품질에 대해 안 좋은 평가를 했다는 것이다. 그녀는 이 전화를 받은 후 크게 화를 냈고 관련 직원들에 대한 문책을 했다고 한다.

 승부욕은 단지 이재용에게 국한되는 것은 아니다. 이부진은 남자의 들러리로 살겠다는 생각 자체를 하지 않는다. 세상에 자신의 이름을 확실하게 새기겠다는 야망을 가지고 있기 때문이다.

 2010년 5월 2일 오후 2시 30분께 서울 장충동 호텔신라 영빈관에서는 세기의 결혼식이 열렸다. 주인공은 장동건과 고소영. 두 사람이 포토존에 입장하자 300여 취재진들과 수많은 국내외 팬들은 '최고의 비주얼'이라고 평하며 결혼을 축하했다. 보통 이쯤이면 포털사이트의 검색 순위에 '장동건'이나 '고소영'이 1위로 올랐어야 했다. 그런데 놀랍게도 이날 검색어 상위권에는 전혀 의외의 인물이 올라 있었다. 그것도 아주 긴 시간 동안 말이다. 그 주인공은 바로 이부진이었다.

장동건과 고소영 커플의 결혼식에 뜬금없이 이부진이 검색어 1위에 오른 이유는 무엇일까? 그 이유는 장동건과 고소영 커플의 결혼 발표와 함께, 이부진이 직접 호텔신라에서 거행되는 결혼식에 나선다는 소식이 알려졌기 때문이다. 그 결혼식에 나서는 이유는 "예비신부 고소영과 오랜 친분이 있기 때문"이라고 밝혔다. 평소 친분이 있는 고소영의 결혼을 축하하는 의미에서 결혼식의 플라워 데코레이션을 직접 챙긴다는 것이다.

이부진이 그저 고소영과 장동건의 지인 중 한 사람에 그쳤다면 검색어 순위에 오르지 않았을 것이다. 이미 엄청난 경영실적을 통해 대중들에게 이부진이라는 이름을 각인시켰기에 가능했던 일이다. 삶의 들러리로 살 것인지, 주인공으로 살 것인지는 오로지 당신 자신의 선택이다. 당신이 가야 할 길을 정하고 더 높은 곳에 대한 열망을 가져라. 그 열망과 성취가 당신을 주인공으로 만들 것이다.

내 청춘 조금 더 독하게

여러분에게 굉장히 반가운 소식이 하나 있다. 2011년 교육개발원의 조사에 따르면 20~30대 대부분이 집안의 경제적 지원 없이 개인의 능력과 노력만으로는 명문학교에 갈 수 없다고 생각하는 것으로 나타났다. '우리 사회에서 개인의 능력과 노력으로 가정의 경제적 수준과 무관하게 명문학교에 갈 수 있다'는 내용에 응답자의 68%가 부정적으로 응답했다. 젊은 층일수록 부정적인 인식이 더 강해 20~30대의 부정적 응답률은 83%

었다.

이런 부정적인 기사가 왜 좋은 소식이냐고 반문할지 모르겠다. 한번 생각해 보자. 이 기사를 아주 짧게 요약하자면 83%가 개천에서 용이 날 수 없다고 생각하고 있다. 개천에서 용이 날 수 있고, 개인의 능력과 노력으로 얼마든지 원하는 것을 얻을 수 있다고 생각만 한다면 그 생각만으로도 일단 83%의 사람들보다 앞서는 것이다. 대학 입학시험을 치를 때도 공무원시험을 볼 때도 마찬가지다. 그 시험의 경쟁률은 50대 1, 때론 100대 1을 넘기도 하는데 대부분이 허수다. 어딜 가든 사람이 얼마나 많든 실제 경쟁률은 3대 1을 넘지 않는다.

출근길 지하철을 함께 타는 그 많은 사람들이 모두 당신의 성공을 방해하는 경쟁자는 아니다. 그래서 당신에게도 희망이 있다. 83%는 자신에게 더 이상 희망이 없다고 생각하고 자신의 발전을 스스로 포기했기 때문이다. 놀랍게도 '된다'

는 생각만 가지고 시작하면 일단 100명 중 최소한 17등은 할 수 있는 것이다. 그래서 '시작이 반'이라고 하지 않는가? 끝까지 완주만 한다면 당신은 당신이 원하는 것을 가질 수 있을 것이다.

끝까지 포기하지 않는 힘을 기르기 위해서는 일단 '불가능'이라는 단어를 자신의 삶에서 사라지게 만들어야 한다. 2009년에 개봉한 〈블랙〉이라는 인도 영화를 보면 그 진실이 잘 드러난다. 여덟 살 미셸은 보지도 듣지도 못하는 소녀다. 사하이 선생은 끊임없는 사랑과 노력으로 미셸에게 세상과 소통하는 법을 가르쳐 주고 꿈을 펼칠 수 있게 해 준다. 먹는 법부터 의사소통하는 법까지 하나하나 알려 주며 세상 속에서 살아가도록 돕는다. 미셸은 결국 대학까지 입학하게 되며 대학을 졸업하는 데 10년의 시간이 소요된다. 보통 사람들에겐 5년 걸리는 일에 10년, 10년 걸리는 일에 20년이 걸렸어도 결국 성공을 거머쥘 수 있게 된 것이다.

남들보다 느리고 눈과 귀도 멀었지만 미셸에게는 꿈이 있었으며 그 꿈을 향한 행보는 계속되었다. 그 누구도 그녀가 대학에 갈 것이라고 생각하지 않았고, 성공할 것이라는 것도 믿지 않았다. 사하이 선생이 처음 그녀를 대학에 보내겠다고 말하자 모든 사람들이 "아니, 저 아이는 장애아잖소. 지금까지 그런 일은 없었소."라고 대답했다. 하지만 사하이 선생은 굴복하지 않고 이렇게 대답했다.

"내가 저 아이에게 유일하게 가르치지 않은 단어가 있는데, 그건 바로 불가능입니다."

미셸과 이부진의 공통점이 바로 끝까지 포기하지 않는 삶의 태도를 가졌다는 점이다. 실제로 이부진은 호텔신라의 임원으로 진급할 당시 신임 임원교육에 홍일점으로 참석했었는데 예상과는 달리 극기훈련까지 적극적으로 해내 연배 높은 동기 임원들로부터 호평을 받은 적이 있었다. 업무와 관련해서도 '독하다'는 말을 들을 정도로 될 때까지 포기하는 법이 없다.

호텔신라 리모델링을 진행하는 동안에는 유통, 인테리어 등 호텔과 관련된 공부를 하느라 새벽 3시에 직원에게 업무 관련 이메일을 보내기도 했다. 그녀의 포기를 모르는 성격이 가장 빛을 발하는 부분은 바로 외국어 구사 능력이다. 호텔을 경영하는 업무성격상 외국인을 상대해야 하는 일이 많은데 이에 대비해 영어, 일본어, 프랑스어를 완벽하게 익혔다. 영어 하나 배우느라 몇 년 동안 어학연수를 다녀와도 쩔쩔 매는 사람들이 있는데 예상외로 이부진은 외국 유학 경험이 전혀 없다. 외국에 나가지 않고 혼자 외국어를 익혔다는 것을 감안하면 대단한 노력의 결과라고 볼 수 있다.

이부진이 이런 엄청난 일을 현실로 만들 수 있었던 큰 요인은 무엇을 하든 불가능은 생각하지도 않았기 때문이다. 이부진은 스물다섯 살의 나이에 삼성그룹의 사원으로 입사해서 청춘의 시간을 오로지 발전을 위해 사용했다. 청춘을 담보로 한 투자가 현재의 이부진을 만든 셈이다.

지금 서점계에서는 『아프니까 청춘이다』라는 책과 함께 청춘의 아픔을 위로해 주는 책이 인기를 얻고 있다. 그렇다. 위로받는 것도 중요한 일이다. 하지만 진짜 위로는 청춘일 때가 아니라 50대가 넘어 상실감을 느끼고 삶의 회의가 드는 나이에 받아야 한다. 청춘은 위로를 받는 시기가 아니라 가진 모든 시간을 투자해 마지막 힘까지 다해 전진해야 하는 시기다. '지면 할 수 없지'라는 마인드가 아니라 '지면 끝이다'라는 생각으로 세상에 도전하라. 그대의 청춘이 조금 더 독해지기를 바란다.

그대 인생을 바꿀
광풍을 불러일으켜라

힐러리 로댐 클린턴이 많은 여성들의 사랑을 받는 이유는 남자의 힘에 의지하지 않고 오로지 자신의 능력으로 최고의 위치에 올랐기 때문이다. 그런 점에서 힐러리와 이부진의 공통점을 찾을 수 있다. 남편에 의지하지 않고 자신의 인생을 개척해 나가는 힐러리, 아버지에 의지하지 않고 자신의 경영을 펼쳐 나가는 이부진, 둘은 여자의 힘으로는 불가능해 보이는 목표들을 이루어냈고 그 성취에 자극을 받은, 많은 사람들의 기대를 한 몸에 받고 있다.

우아한 드레스를 입은 재벌가의 상속녀 이미지를 넘어 진정한 최고경영자로 성장한 이부진이 한국을 대표하는 여성 CEO로 떠오르고 있다는 것은 누구도 부인할 수 없는 현실이다. 그녀가 이런 평가를 받는 이유는 완전한 몰입경영을 통해 눈에 보이는 성과를 만들어 냈기 때문이다. 무슨 일을 하면 완전히 몰두하는 스타일이라는 점에서 아버지 이건희와 유사한 경영 스타일을 보이고 있다.

하지만 이건희는 경영의 큰 방향을 제시하고 전문경영인에게 나머지를 맡기는 '선택과 집중형'인 반면에 이부진은 모든 것을 직접 챙기는 '올라운드 집중형'이라는 점이 다르다. 이부진은 모든 분야를 꼼꼼하게 챙기면서 높은 성과를 내고 있다. 호텔신라 출신의 임원은 이부진의 경영에 대해서 이렇게 말한다.

"이부진은 궁금한 일은 절대 그냥 지나치지 않는다. 꼼꼼히 따지는 그녀와 몇 시간씩 회의를 하면 대부분 질려 버린다."

사실 최근에 일어난 호텔신라 한복출입금지 사건은 좀 과장된 측면이 있다. 삼성계열 호텔이니 삼성을 싫어하는 사람들이 벌이는 마녀사냥 같다는 인상을 지우기 힘들다. 하지만 나는 이번 사건을 통해서 다시 한 번 이부진의 경영능력을 확인할 수 있었다. '1등 기업은 어쩔 수 없이 벌어지게 되는 대중의 오해까지도 기업의 자산으로 생각해야 하며, 그 과정에서 기업의 책임을 확고하게 인식하고 개선해 나가야 하는 데 소홀하면 안 된다'는 1등의 숙명을 그녀는 알고 있었다.

한복 사건을 슬기롭게 헤쳐 나가는 이부진의 경영능력을 보면서 이제 한국에도 본받을 수 있는 제대로 된 여성 CEO가 나왔다는 생각을 하게 되었다. 훌륭하게 경영을 하니 아버지 이건희는 가끔 이부진에게 '네가 아들이었으면 좋았겠다'는 뜻을 비치기도 할 정도다. 하지만 나는 이제 그런 생각도 곧 '네가 아들이었으면 좋았겠다'가 아니라 '네가 딸이라도 충분하다'라고 바뀌지 않을까 하는 생각이 든다.

2007년에 가장 감명 깊게 본 영화가 하나 있다. 〈골든 에이지 Elizabeth: the Golden Age〉라는 영화인데 이 영화에서 엘리자베스 1세가 스페인의 대사와 대면하는 장면이 나온다. 스페인의 대사 앞에서 엘리자베스 1세는 당당하게 말한다.

"전하라. 그도, 함대도 두렵지 않다고!"

그러자 그녀의 당당함에 위기의식을 느낀 대사는 이렇게 받아 친다.

"바람이 불고 있소, 당신의 오만을 날릴!"

그러자 엘리자베스 1세는 거의 포효에 가까울 정도로 외친다.

"내 속엔 광풍이 불고 있소! 스페인을 단숨에 날릴! 얼마든지 오시오!"

결국 스페인의 무적함대는 세상의 광풍이 부순 게 아니라 엘리자베스 1세 여왕의 가슴 속에서 불고 있는 광풍이 부순 셈이다. 그녀는 그 한마디로 스페인의 해상장악을 막고 잉글랜드를 강국의 반열에 올리는 데 성공하게 된다. 엘리자베스 1세 여왕이 그랬듯 지금 한국의 대표적인 여성 CEO인 이부진의 가슴에도 광풍이 불고 있다. 세계 최고의 CEO로 성장하겠다는 멈추지 않는 광풍 말이다. 당신도 지금 한번 외쳐 보라.

"내 속에 광풍이 불고 있다!"

얼마나 멋진 말인가. 나는 이 문장을 외치는 당신의 손과 가슴이 뜨거워지기를 소망한다. 그리고 당신의 가슴에도 세상을 흔들어 버릴 광풍이 조금씩 크기를 바란다.

"I took all the wind, sir!"

chapter
2

현실이 시시하다면
고급 공부를 시작하라

아주 특별하고
놀라운 삶을 살아라

우리는 보통 성공한 사람들과 부자들을 안 좋은 눈으로 보는 경향이 있다. 대부분 부유한 사람들은 모두 편법으로 부자가 되었다고 매도한다. 물론 정치를 이용하거나 교묘하게 법망을 빠져나가며 부정한 방법으로 부를 축적한 사람들도 있다. 내 주변에도 그런 사람들이 있으니 실제로는 엄청나게 많을 것이다. 게다가 방송에 보도되는 부자들은 모두 다 부정한 사건과 연루되어 있기 때문에 세상의 모든 부자는 '나쁜 놈'이라는 잘못된 생각에 빠지기 쉽다. 하지만 방송은 어쩔 수 없이 자극적인 소재만 찾는다. 그 특성을 이해하지 못하고 방송에서 나오는 게 세상의 전부라고 믿으면 곤란하다. 정당한 방법으로 돈을 번 부자들이 언론에 보도되지 않는다고 세상의 모든 부자가 나쁜 놈들이라고 믿는다면 어리석은 일이다.

여기서 하나 묻고 싶다. 부자가 나쁜 놈이라고 손가락질해서 당신에게 남는 게 무엇인가? 속이 조금은 후련해지는가? 나는 좋은 사람이라서 부자가 될 수 없었던 것이고 저놈은 부자이지만 나쁜 놈이니 조금은 위안이 되는가? 성공하고 싶다면, 조금 더 높은 위치로 오르고 싶다면 그 위치에 있는 사람의 마음을 헤아리는 게 중요하다. 부자는 모두 나쁘다고 매도하는 것에 그치면 당신의 발전은 그 자리에서 끝나버리는 것이다.

대기업에서 사원으로 입사해서 사장이 되는 것은 거의 불가능에 가깝다. 한 해에도 신입사원만 1만 명이 넘게 입사를 하지만 거기에서 사장이 나오리라는 기약도 없기 때문에 사장이 될 확률은 1만 분의 일도 되지 않는다. 하지만 그럼에도 사장이 되는 사원은 분명 존재한다. 그들의 공통점은 바로 이것 하나다. 사원 시절부터 '사장의 마음을 알고 일을 하는 것'이다. 사회생활을 하다 보면 정말 능력이 있는데 과장이나 부장에서 더 이상 승진하지 못하고 직책 앞에 '만년'이라는 말을 달고 다니는 사람이 있다. 이들에게 부족한 것은 절대 업무능력이 아니다. 만년 과장은 부장을, 만년 부장은 임원의 마음을 헤아리는 능력이 부족한 것이다.

사원이 과장의 생각을 알면 과장이 될 수 있고, 부장의 생각을 알면 부장이 될 수 있고, 사장의 생각을 알면 사장이 될 수 있다. 돈이 많고 사회적으로 성공했다고 모두가 나쁜 놈이라고 생각하지 마라. 그들처럼 성공하고 싶다면 비난보다 그들의 마음을 아는 게 우선이다.

소설가 박완서의 단편 『도둑맞은 가난』은 1970

년대의 사회적인 풍경을 그리고 있다. 20년 전 나는 조금 다른 관점에서 이 책을 읽었던 기억이 있다. 여주인공의 가족은 아버지가 실직한 이후 어머니의 허영심과 체면 때문에 더 깊은 가난의 늪에 빠지게 된다. 어머니가 계속 정신을 차리지 못한 사이 있는 재산마저 다 날려 버리고 결국 판자촌으로 이사를 가게 된다. 판자촌으로 이사를 온 어머니는 이내 현실을 직시하고 인형옷을 만드는 일이라도 하면서 희망을 꿈꾸지만 가족들은 가난을 견디지 못한 채 연탄가스로 자살을 시도한다. 그리고 여주인공은 홀로 살아남는다.

그런 그녀에게 어느 날 남자가 생긴다. 도금공장에 다니는 청년이었는데 '같이 살면 하룻밤에 연탄 반 장은 아낄 수 있지 않느냐'는, 지금 생각하면 굉장히 우스운 이유로 동거를 시작한다. 여기서부터 반전이다. 사실 그 청년은 부잣집아들이었고 대학생이었다. 아버지가 아들을 빈민촌에 보내 가난을 경험시킨 것이었다. 이런 황당한 사실을 알게 된 주인공은 이제는 "부자들이 가난마저도 훔쳐간다"고 울부짖는다. 대개는 이 소설을 읽으면서 '부자들은 정말 진짜 상종하지 못할 놈들이다'라고 생각할지도 모르겠다.

하지만 나는 『도둑맞은 가난』에 나오는 부자 아버지와 생각이 같다. 만약 당신이 이부진처럼 능력 있는 여자로 변신하고 싶다면 실패한 사람들의 삶을 가장 가까이서 살펴볼 것을 추천한다. 세상의 많은 사람들이 성공할 수 있었던 이유는 성공한 사람들을 따라 해서가 아니라 실패한 자들을 따라 하지 않으려고 노력했기 때문이다.

사실 성공한 사람들의 성공비결을 알기란 쉬운 일이 아니다. 성공한 사람들이 그 비결을 공개하지 않기 때문이다. 대신 실패담은 어디서든 찾을 수 있다. 하지만 성공비결의 차선책은 있다. 바로 '실패한 사람들을 따라 하지 않으려는 노력'이다. 이를 통해 성공한 사람이 될 수 있는 가능성을 높일 수 있다.

하지만 나는 이부진처럼 최고의 여성이 되고 싶은 여러분을 위해 차선책이 아닌 직접적인 방법을 알려 주려고 한다. 지금부터 소개하는 모든 내용을 읽고 삶에 적용한다면 아마 놀라운 일이 일어날 것이다.

이부진의 경영학

조선시대에는 원자元子가 태어나면 일단 보양청에서 원자의 보호와 양육을 담당했다. 보양관은 종2품 이상의 고위관료들로 보통 3명, 혹은 임금의 특명으로 추가된 인물이 맡았다. 원자가 서너 살쯤 되면 강학청을 설치하고 본격적으로 제왕학帝王學을 교육한다.

원자는 하루 종일 공부를 해야 했는데 오전공부 시간에서는 전날 배운 것을 잘 익혔는지 확인하기 위해 책을 덮고 암송해야 했다. 만약 제대로 암송하지 못하면 호된 질책이 뒤따른다. 이어 교수관이 교재의 본문에 나오는 글자의 음과 뜻을 풀어 주고 그 문장의 의미를 해설한다. 원자는 의문이나 잘 모르는 사항이 있으면 질문을 하고 교수관이 여기에 대답한다. 이러한 질의응답이 끝나면 학습한 문장을 교수관이 낭독하고 세자가 따라서 낭독한다. 이렇게 아침 공부가 끝나면 간단하게 점심식사를 하고 낮 공부를 시작하는데 수업방식은 아침과 같았으며 저녁에는 저녁 공부가 이어진다.

아무리 나이를 먹어도 공부는 끝나지 않는다. 선왕이 승하하고 세자가 보위에 올라 임금이 되어서도 제왕학은 계속된다. 이처럼 전통시대의 왕은 왕이 되기 이전부터 제왕학을 연마하기 시작하여 죽을 때까지 계속해야 했다. 그만큼 한 나라를 이끄는 것은 어려운 일이었기 때문이다.

나라를 이끄는 게 어렵듯 한 기업을 이끄는 것도 어려운 일이다. 그래서 이부진은 경영자를 위한 경영학을 배웠다. 여기서 말하는 경영학이란 우리가 일반적으로 알고 있는 경영학이 아니다. 왕이 되기 위해서 제왕학을 배우는 것처럼 이부진은 기업의 CEO가 되기 위해서 주변의 훌륭한 멘토들을 통해 살아 있는 경영을 배웠다. 이부진의 경영학은 아주 가까운 곳인 가정에서부터 시작되었다.

삼성가 하면 가장 먼저 떠오르는 게 가정교육이다. 그만큼 삼성은 철저하게 가정교육을 하는 것으로 유명하다. 밥상머리에서 부터 '사람 경영'을 가르칠 정도로 삼성가의 가정교육은 철저하다. 그런 삼성에서도 가정교육을 할 때 가장 기본으로 생각하는 게 있는데 그건 바로 '자녀 스스로 생각하고 방안을 연구하도록 하는 것'이다. 어쩌면 굉장히 당연한 부분인데 사실 실천하기가 쉽지 않다.

고 이병철 회장은 생전에 자식들에게 어떤 문제든 꼭 여섯 번 '왜?'라는 질문을 하라고 교육하는 걸 잊지 않았다. 즉흥적·감정적 결정을 피하고 모든 사정을 꼼꼼히 따져 보고 난 후 결단을 내리라는 뜻이다. 또 현장에서 '직접 해 보라'며 많은 과제를 내기도 했다. 이론만 가르친 게 아니라 실전에서 이론을 써먹을 기회까지 준 것이었다. 가장 완벽한 자기경영법이 아닐 수 없다. 또한 남의 말을 경청하고 무슨 일이 있어도 늘 메모하는 습관도 고 이병철이 이부진에게 길러준 것이다.

이 부분에서 나는 '이부진은 재벌 3세가 아니다'라고 말하고 싶다. 단지 재벌 3세로만 생각한다면 크게 잘못 생각한 것이기 때문이다. 이부진은 자신을 경영하는 책임자이자 거대기업 삼성을 경영하는 준비된 경영자다. 연기력이 부족한 배우가 무대에 오르면 그 배우가 자신의 능력 부족을 숨기려 해도 관객들은 대번에 알아챈다. 넘치는 것도 보이지만 부족한 것도 눈에 띄기 때문이다.

경영도 마찬가지다. 능력은 없지만 재벌 3세의 특혜로 높은 자리에 앉아 있는 사람은 딱 눈에 보인다. 곧이어 얼마 지나지 않아 회사의 수익이 급강하할 것이라는 예상도 가능해진다. 하지만 이부진의 삼성은 달랐다. 누구도 이부진이 그 자리에 앉는 것을 어색해하지 않았다. 오히려 승진해서 다른 계열사로 보폭을 넓힐 때마다 그녀가 맡는 부문이 성장하리라 기대하고 그 회사의 주식을 매입하는 데 열을 올렸다. 이것이 이부진 효과라고 말할 수 있는 이부진에 대한 기대심리다. 그녀가 이부진 효과라는 용어가 생길 만큼 세상에 자신의 이름을 널리 알릴 수 있었던 가장 큰 동력은 무엇이었을까? 그건 바로 이부진의 '끝없는 배움에 대한 갈증'이다.

오늘보다 아름다운 내일을 만들고 싶다면 배워야 한다. 배움을 통해 창의적인 사람이 될 수 있고 자신의 부가가치를 높이는 게 가능해지기 때문이다. 운동선수를 예로 들어 설명해 보자. 아무리 잘 훈련된 A급 운동선수라 하더라도 운동을 마친 지 72시간이 지나면 운동능력이 감소하기 시작한다. 배우지 않고 훈련하지 않으면 퇴보하는 것이다. 80 대 20 법칙을 연구한 한 학자에 따르면 "하위

80%의 사람들은 10년간 새로운 기술을 배우지 않는다"고 한다.

　나를 바꿀 수 있고 나를 먹여 살릴 수 있는 건 나 자신뿐이다. 지금 당장 배움에 굶주려라. 이부진이 삼성의 이병철, 이건희 그리고 쟁쟁한 스타 CEO들에게 직접 배운 자신을 경영하는 법을 이 책을 통해 당신도 그대로 배울 수 있다. 100억을 준다고 해도 이보다 더 좋은 스승을 구할 순 없을 것이다. 돈으로 바꿀 수 없는 좋은 배움의 기회가 될 수 있다. 배움을 통해 당신의 삶을 경영하라.

　지금 배움에 굶주린다면 당신은 평생 굶주리지 않을 수 있을 것이다.

이부진의 고급 독서법

'이부진의 집무실은 도서관'이라는 말이 있을 정도로 그녀는 열렬한 독서광이다. 5층 집무실은 진귀한 책으로 둘러싸인 서재처럼 꾸며졌다. 지난 2001년 서울 장충동 호텔신라에서 사회에 첫발을 내디딘 이부진은 2004년 호텔신라 임원으로 승진해 집무실을 갖게 되면서부터 집무실 내부를 책으로 빽빽하게 채우고 있다. 이제 이부진의 집무실은 작은 서점을 방불케 할 만큼 많은 책을 보유하고 있다. 대부분 호텔경영 실무에 필요한 식음료

사업의 운영관리, 라이프스타일 트렌드, 호텔 건축 및 인테리어 등에 대한 관련 서적들인데 가장 많이 보유하고 있는 책은 사업기획, 전략경영, 마케팅, 유통관리, 서비스, 마켓 트렌드에 관련된 경영서다. 회사 업무에 참고할, 유용한 내용이 많은 외국서적은 해외출장 시 직접 구입해 실무 담당자들에게 선물할 정도로 독서에 대한 사랑이 크다.

이부진의 사례에서도 느낄 수 있듯, 사회적으로 성공한 사람들은 공통적으로 '평생 책을 읽는 습관'을 가지고 있다. 역사상 위대한 인물들은 하나같이 책벌레였다. 영국을 대표하는 정치가이자 제2차세계대전에서 탁월한 리더십을 발휘한 윈스턴 처칠 역시 지독한 책벌레였다. 어떤 분야에서 특출 난 위치에 오르고 싶다면 독서는 반드시 필요하다.

마오쩌둥은 전쟁 속에서도 책 읽기를 게을리하지 않았고 세계에서 최고로 영향력이 있는 여성인 '토크쇼의 여왕' 오프라 윈프리는 독서광으로서 미국에 독서 열풍을 일으킨 주역이다. 3시간 수면법을 사용하며 유럽을 평정했던 프랑스의 나폴레옹은 전쟁터에서 말 위에서도 책을 읽었다는 일화를 남길 정도로 대단한 독서광이었다.

달리 말하자면 그들이 성공할 수 있게 부족한 부분을 채워 준 2%는 독서라고 할 수 있다. 그만큼 독서는 중요하다. 성공한 사람의 생각을 읽을 수 있고 앞서 나갈 수 있는 길을 찾을 수 있기 때문이다. 한국을 대표하는 기업인 이부진은 과연 어떤 방법으로 독서를 했을까? 이부진의 업무 스타일과 자기계발 과정을 통해 본 그녀의 독서법은 크게 5가지로 나눌 수 있다.

1. 제1의 필독서를 만들어라

성공한 이들의 삶을 들여다 보면 그들에겐 공통점이 하나 있다. 인생에 결정적 역할을 하는 몇 권의 책이 현실에서 고통을 느끼거나 길을 잃었을 때 길잡이가 된다는 것이다. 좋은 책 한 권이 위대한 사람을 만든다. 그러므로 어떤 문제로 힘이 들 때 늘 곁에서 자신을 지켜 줄 책이 필요하다. 그 책에 위로를 받고 살아갈 지혜를 얻을 수 있으니 끊임없이 자신이 원하는 인생을 향해 나갈 수 있다.

이부진의 제1의 필독서는 곁에 두고 자주 꺼내 보는 『논어』다. 그래서 이부진의 독서 습관을, 책을 통해 사람을 읽었던 고 이병철 회장의 독서관과 비교하기도 한다. 이부진이 논어를 읽는 가장 큰 이유는 고 이병철 회장이 그랬듯 사람을 이해하기 위해서, 직원들이 하는 일이 무엇인지 알고 그 일을 하는 직원을 정확하게 이해하기 위해서다. 이부진에겐 논어가 인생 참고서와 같은 역할을 하고 있는 셈이다.

2. 문학을 기본으로 읽고 철학, 경제로 범위를 넓혀라

문학의 중심은 사람이다. 문학 서적을 통해 사람을 이해할 수 있는 능력이 생기면 그다음 철학과 경제 서적을 읽는 게 좋다. 사람에 대한 이해가 없이 철학서나 경제서를 읽으면 쉽게 이해가 되지 않기 때문이다. 그래서 그녀의 독서법은 사람을 향해 있다. 이부진이 독서를 통해 얻은 것은 사람이 8할 이상이다.

그녀는 암기식으로 무조건 책의 내용을 파악하기보다는 각 등장인물들의 상황이나 처지를 이해하면서 읽는다. 그렇게 비판 없이 무조건적인 수용의 자세로 읽었던 책의 내용은 직접 경험을 대체할 만한 새로운 지식이 된다. 그 지식은 '자신의 주장을 상대에게 강요하지 않고 서로 다름을 인정하면서 타인을 배려할 줄 아는 마음'을 가질 수 있도록 했다. 사람과 관계를 이해하는 능력이 기본이 되어 다양한 분야의 독서를 했기 때문에 더욱더 독서의 효과를 높일 수 있었다.

3. 책을 읽으면서 좋은 문장을 외우고 글쓰기를 모방하라

보통 작가들은 원고를 집필할 때 상황에 맞는 다른 작가의 글을 인용하면서 글을 전개해 나간다. 소설이나 시와 같은 문학작품이 아니라면 100% 순수한 창작은 거의 없다고 봐도 무방하다. 작가들이 그렇게 집필을 하는 이유는 그게 편하기도 하지만 그게 가장 안정적인 작문의 요령이기 때문이다.

CEO들은 글을 쓸 기회가 많다. 보통 CEO들의 글쓰기는 평소에 자신이 읽었던 책 중에서 마음에 드는 구절을 적은 메모장과 일기를 참고 삼아 거기에 자신의 생각을 덧붙이는 방식이다. 그렇게 글을 쓰면 의외로 쉽게 자신이 생각하고 있는 것을 글로 표현할 수 있다. 더구나 이부진은 글을 전문적으로 쓰는 작가 이상의 독서량을 가지고 있기 때문에 그 방법이 더욱 큰 효과를 가질 수 있다.

다만 여기에서 관건은 독서를 할 때 마음에 드는 구절을 기억하는 일이다. 아무리 감명이 깊었던 글이라고 할지라도 그 순간이 지나면 쉽게 잊혀지기 때문이다. 그래서 따로 '인용노트'를 하나 만들어서 독서를 할 땐 늘 옆에 두고 마음에 드는 구절이 나오면 바로 노트에 적는 독서법이 필요하다. 이때 그냥 구절만 적으면 나중에 시간이 지나고 나면 그게 무슨 말인지 정확하게 이해하지 못하는 상황이 올지 모르니 앞뒤 상황을 간단하게 같이 적어 두면 별도의 수고 없이 오래도록 기억할 수 있다.

4. 외국어로 독서하는 취미를 가져라

이부진은 외국어를 완벽하게 마스터했다. 그것도 하나가 아닌 3개 국어를 말이다. 그녀는 영어, 일본어, 프랑스어 들을 완벽하게 익혔다. 외국 유학 경험이 없는 순수 국내파이기에 그 노력이 더욱 크게 느껴진다. 그녀는 어떻게 외국어를 3개나 완벽하게 마스터할 수 있었을까? 나는 그녀가 '해외출장 시 업무에 필요한 책을 직접 구입해 실무 담당자들에게 선물해 준다'는 이야기를 통해 실마리를 잡을 수 있었다. 다시 한 번 느끼지만 그녀는 정말 책을 사랑하고 그 힘을 믿는 독서가다. 이부진의 환경상 학원에도 다닐 수도 없고 가정교사를 불러서 강의를 받기도 어렵다. 결국 방법은 지금 그녀가 몰입경영을 하는 것처럼 몰입을 해서 홀로 외국어 능력을 기르는 방법 하나뿐이다. 여기에 그녀가 독서광인 만큼 원서로 책을 읽는 방법이 큰 역할을 했을 것이라 보여진다.

원서로 책을 읽을 땐 몇 가지 주의사항이 있다. 수준이 딱 맞거나 조금 낮은 정도의 책을 고르는 것이다. 처음에는 낮은 수준의 책이라도 괜찮다. 이왕이면 내용도 흥미로운 것이 좋다. 그래야 계속 읽을 의욕이 나기 때문이다. 이때 이미 내용을 알고 거기에 맞춰서 읽는 것은 실력 향상에 별 도움이 되지 않는다.

만약 당신이 완벽한 초보자라면 단어가 다 달린 학습용 동화책이나 소설책을 사기를 바란다. 하루에 한 번씩 읽을 수 있는 분량이면 더욱 좋다. 반복해서 읽다 보면 암기효과를 기대할 수 있기 때문이다. 처음엔 같은 책을 최소한 2~3개월 정도 반복해서 읽으면서 그 책에 있는 단어나 문장의 구조를 파악하는 게 중요하다. 영어 원서는 단어를 찾아가며 어렵게 읽어내는 게 아니라 '독서의 수준이 될 때' 하는 것이 좋다. 이렇게 같은 책을 여러 번 반복해서 읽으면서 원서를 읽을 기본적인 능력을 갖추는 단계가 필요하다.

5. 무엇을 읽느냐보다 읽은 내용을 소화하는 데 집중하라

독서의 중요성은 이제 누구나 알고 있는 사실이다. 그래서 시중엔 책을 읽기 위한 책이 다양하게 나와 있다. 그중 하나가 속독법이다. 속독법이란 여러 가지 방법을 익힌 후에 재빨리 책을 읽게 하는 기술을 말하는 건데, 나는 이런 종류의 독서법을 경계한다. 세상에 공짜는 없다. 속독으로 읽은 책의 지식은 그만큼 빠르게 사라진다. 또한 속독으로 읽혀질 만한 책들의 지식은 깊이가 깊지 않을 것이므로 처음부터 읽을 가치가 없는 경우가 대부분일 것이다. 빠르게 많이 읽는다고 누가 칭찬해 주지 않는다. 중요한 것은 한 권을 읽더라도 그것을 온전히 내 것으로 만드는 독서를 하는 것이다. 그렇게 한 권을 온전히 내 것으로 만들면 그 지식은 상상할 수 없을 만큼 다양한 모습으로 당신의 머릿속으로 퍼질 것이다. 결국 중요한 것은 무엇을 읽느냐가 아니라 읽은 것을 소화하는 능력이다.

현대 사회에서 가장 중요한 기량 중 하나는 책을 읽는 능력이다. 문자는 인류의 오랜 기간에 걸친 진화의 과정에서도 가장 최근에 발달된 것이기 때문이다. 그래서 이부진을 포함해 역사적으로 위대한 인물일수록 청춘의 시기에 누가 봐도 가혹하다는 생각이 들 정도로 책과 씨름하며 공부를 했다. 모든 일들이 그렇듯이 희생 없이는 그 무엇도 성취할 수 없는 것이 세상의 법칙이다. 이부진처럼 읽으면 이부진처럼 될 수 있는 가능성이 높아진다. 그녀처럼 생각하고 그녀처럼 행동할 수 있기 때문이다. 여러분들도 이부진의 고급 독서법을 통해 원하는 것을 이룰 수 있기를 소망한다.

'생각만 하던 것'을 '생각해 내게 만드는' 걷기의 힘

 "응. 지금 생각 중이야."

우리가 자주 듣거나 하고 있는 말이다. 언제나 우린 생각 중이다. 사실 생각하는 것보다 중요한 건 그 생각을 통해서 하나의 '생각을 만들어 내는 것'이다. 생각만 하는 사람은 평생 인정을 받지 못한다. 생각하는 사람은 로댕의 작품 하나만으로 충분하다. 생각하는 사람과 생각해 내는 사람의 구분 또한 그런 것이다. 로댕의 생각하는 사람처럼 평생 생각만 하다 끝내고 싶은가? 무언가에 대해

서 열심히 생각한다고 해서 그게 모두 '사고'라고 말할 수는 없다. 생각하는 것과 생각해 내는 것은 아주 다른 것이기 때문이다.

"걱정 마. 반드시 이 일을 성공시키기 위해 열심히 생각하는 중이다!"

언뜻 이 말을 들으면 굉장히 비장하고 성공 바로 전 단계에 있는 것처럼 보인다. 하지만 이 역시 아직 이룬 건 아무것도 없는 상태다. 그저 단순히 생각에 머물러 있는 단계일 뿐이다. 더구나 그것도 정말 성실하게 생각에 빠져 있다면 문제는 더욱 커진다. 성과 없는 지나치게 성실한 태도는 자신에게 안 좋기 때문이다.

이를 방지하기 위해 이부진이 습관처럼 반복하는 행동이 하나 있다. 그녀의 하루 일정은 일반인이 상상하지 못할 정도로 고되다. 하지만 아무리 고되더라도 반드시 하루에 1시간 이상은 걸으면서 생각을 한다. 걷기는 세로토닌을 활성화시키는데 아무리 생각해도 나오지 않던 아이디어를 창출해

낼 수 있는 가능성이 커진다.

실제로 그녀는 걷기를 습관화하기 위해서 점심 시간에도 가능하면 걸어서 갈 수 있는 곳에서 직원들과 함께 식사를 하기도 한다. 그리고 점심 후에는 수행원을 곁에 두지 않고 혼자 뭔가를 집중해서 생각하는 듯한 얼굴로 호텔신라 이곳저곳을 20~30분 정도 걷기도 한다. 걷기 장소는 호텔에만 국한되지 않는다.

2010년 가을의 어느 날, 삼성전자 수원사업장 구내식당에 이부진이 등장했다. 이부진의 등장에 식사를 하던 직원들은 눈앞에 보이는 광경을 믿지 못하겠다는 듯 넋을 잃은 표정으로 앉아 있었다. 이부진은 직접 체크리스트와 메모장을 들고 삼성전자 수원사업장 내 직원식당을 일일이 돌며 식단을 꼼꼼히 확인하고 문제점까지 파악했다. 이부진은 현장 직원들과 식사를 같이 하며 애로사항도 청취했다.

이 직원식당은 삼성에버랜드가 운영하고 있다.

기자들은 이 사건을 두고 '이부진 전무의 현장경영이 예사롭지 않다'는 타이틀로 상황을 전달했지만 나는 다르게 본다. 나는 그녀의 '현장경영'을 '걷기경영'이라고 표현하고 싶다.

세계 최고의 CEO들의 공통점이 바로 이것이다. 아무리 바쁜 일정이라 할지라도 반드시 하루 중 걷는 시간을 마련해 두고 혁신적인 아이디어를 창출하기 위한 노력을 한다. 그래서 그들은 산책을 나설 때 반드시 메모장과 펜을 휴대한다. 삼성전자 수원사업장을 방문한 이부진 역시 마찬가지였다. 그녀는 현장을 걸으며 느낀 점과 새롭게 구상한 것들을 적기 위해서 메모장과 체크리스트를 들고 다녔다. 걸으면서 새롭게 본 정보들과 새로운 생각들을 잊어버리지 않고 그때그때 메모하기 위해서다. 경험을 해 본 사람들은 알고 있겠지만 책상에서 생각할 때나 인터넷 서핑을 하며 생각할 때보다 산책을 하며 생각할 때 훨씬 기발하고 혁신적인 아이디어가 많이 떠오른다.

걷는 것은 누구나 쉽게 할 수 있는 간단한 운동이지만 그 효과는 매우 크다. 달리면서 생각하기는 힘들지만 걷는 건 부담이 덜해 몸의 운동과 두뇌 운동을 같이 할 수 있다는 장점도 있다. 우리는 걷기를 거의 무의식적인 작용으로 생각하고 있지만 사실 한 걸음을 내디딜 때마다 상당량의 신호가 다리 근육에서 신경을 통해 두뇌에 전달된다.

두 발로 걷는 동안 뇌와 다리 사이에서 복잡한 신호 교환이 쉴 새 없이 이루어지고 있는 것이다. 걷는 동안 눈으로 보고 팔을 흔들며 균형을 유지하고 피부로 공기의 온도를 느끼며 코로 냄새를 맡으면서 온몸의 감각을 총동원하게 된다. 이를 통해 결론을 내지 못했던 문제에 대한 답이 생각날 수도 있고 남들보다 창의적으로 일을 해결하는 방법이 떠오를 수도 있다. 일 때문에 시간이 부족하다면 이부진처럼 점심 시간에 가까운 곳을 걸어보자. 걷기를 통해 한층 발전된 자신을 발견할 수 있을 것이다.

1,000권의 독서가 인생을 바꾼다

나는 직업상 사람들을 많이 만나기 때문에 상담을 자주 받는다. 하루는 중소기업에 다니는 스물아홉 살의 여성이 고민을 상담하러 찾아왔다. 겉으로 보기엔 굉장히 활발했고 사람 좋게 웃는 모습을 보니 성격도 좋아 보였다. 그런데 밖으로 보여지는 모습과는 달리 그녀의 내면은 불안, 초조, 근심 등으로 썩어 있었다. 게다가 나이에 비해 동안이었는데도 늘 피곤해 보였다. 그냥 지나가는 사람들과 사소한 이야기를 할 땐 표정이 밝지만 나와 함께 진지한 이야기를 하니 평소의 밝은 모습은 사라지고 눈물을 잘 흘리고 사소한 일에도 크게 반응하는 그녀의 본성이 나타났다. 너무나 주변에 많은 신경을 쓰며 살다 보니 신경쇠약에 걸린 것이었다.

나는 책을 추천해 주겠다고 했다.

"내가 추천하는 책이 당신의 병을 고칠 수 있을 거예요."

그녀는 믿지 못하는 눈치였다.

"나는 단지 선생님께 제 이야기를 하러 온 것이지 책을 추천받으러 온 게 아니에요."

하지만 나는 독서를 통해 마음의 병을 고칠 수 있다고 확신했다. 그 확신이 그녀가 책을 읽을 수 있는 계기를 마련해 주었다.

그녀의 신경쇠약은 결국 사람들과의 관계에서 오는 것이었다. 그렇게 판단한 나는 그녀에게 이해와 공존을 배울 수 있고 사람들이 살아가는 진짜 모습이 담겨 있는 『원미동 사람들』이라는 소설을 추천해 주었다. 매일 밤 자기 전에 30분씩 읽도록 지시했다. 신경쇠약 때문에 두통이 와도 절대 읽는 것을 그만두면 안 된다는 이야기도 함께 전했다. 일주일 후 나는 그녀를 만나 『원미동 사람들』에 대한 이야기를 하면서 주변 사람들이나 친구들의 이야기를 나눴다. 소설의 이야기를 통해 지인들 이야기를 풀어 나가니 한층 정서가 안정되는 것을 느낄 수 있었다.

또한 예전처럼 사소한 것에 민감하게 반응하지 않았다. 갑자기 눈물을 흘리는 버릇도 사라졌다. 그 후에도 나는 단계별로 맞는 책을 추천해 주었다. 나중에는 그 효과에 놀라 오히려 책을 더 추천해 달라고 요청할 정도가 되었다. 독서가 기분을 이완시키고 만족을 가져다준다는 것을 스스로 깨달은 것이다. 두 달이 지나자 그녀의 증상은 점점 더 좋아졌고 읽은 것에 대해 이야기를 하면서 자신의 시간을 효과적이고 풍요롭게 쓰고 있다는 생각까지 들게 할 수 있었다. 독서가 삶을 바꾼 것이다.

나는 사람들에게 되도록 많은 책을 읽기를 권한다. 다독을 하다 보면 스스로 자신의 상황에 맞는 책을 고를 수 있는 능력도 생긴다. '남자로 태어났다면 한 수레 정도의 책을 읽어야 한다'라는 말이 있다. 한 수레면 1,000권 정도 될 것이다. 여자도 다르지 않다. 남자든 여자든 일단 1,000권 정도의 책을 읽어 봐야 한다. 물론 시작은 상당히 어려울 것이다. 책 한 권 읽는 것도 힘들었던 사람이라면 더욱 고되게 느껴질 것이다. 하지만 인간은 결국 습관의 동물이다. 고통의 순간은 잠시고 곧 독서에 맞는 몸으로 변해 스스로 책을 원하게 될 것이다. 그렇게 시간이 흘러 1,000권의 책을 읽고 나면 세상을 보는 지혜가 생기고 두뇌가 건강해진 것을 느낄 수 있을 것'이다.

이부진의 집무실에는 수천 권이 넘는 책이 있고 집에도 수천 권의 책이 있다. 여기서 중요한 것은 그녀가 가진 책의 양이 아니다. 많은 사람들이 그녀의 서가에 꽂힌 책들이 전시용일 거라 예상하지만 전혀 그렇지 않다. 그 책들은 그냥 쉽게 읽고 지나친 것들이 아니다. 평소 이부진이 일하는 스타일로 판단했을 때 가지고 있는 책들을 대부분 정독했을 것이다. 그래서 수많은 책의 주요 내용을 기억하고 있고 어떤 책들은 몇 페이지에 무슨 내용이 있는지까지 알 수 있는 것이다. 정말 말도 안 되는 이야기라고 할지도 모르겠다. 하지만 분명한 사실이다. 독서에서 그 정도의 몰입의 경험이 없는 사람은 한 기업을 이끌 능력을 가질 수가 없다.

한번 생각해 보라. 결혼을 하고 아이를 낳고 그 아이가 조금씩 커지면 이런 불안이 생길 것이다.

'아이가 이제 조금씩 궁금한 게 많아질 텐데, 내가 정확하게 대답을 해 주지 못하면 어쩌지?'

이런 불안감 때문에 부모들은 자꾸 책을 읽게 되고 그 지식을 아이에게 들려줄 수 있게 되는 것이다. 자식을 직원으로 보고 부모를 CEO라고 본다면, 가르쳐야 할 직원이 1명 밖에 되지 않는 작은 직장에서도 사장에게는 독서에 대한 필요성이 강조되는데 10만 명의 직원을 거느리고 있는 이부진은 어떻겠는가? 이부진이 상상을 뛰어 넘는 독서량을 가질 수 밖에 없는 이유다.

현대인은 바쁘다는 이유로 책 읽기를 소홀히 하는데 책은 새로운 지식과 정보를 얻는 매체이기도 하지만 뇌세포라는 나무에 거름을 주는 효과도 있기 때문에 늘 독서에 힘을 쏟아야 한다. 영국의 빅토리아 여왕은 당시 신하들에게 '셰익스피어 휴가'를 주었다고 한다. 3년에 한 번씩 한 달 정도의 휴가를 줘서 자유로운 생활을 하며 책을 보고 지식을 재충전하라는 의미가 담긴 휴가였다.

효과적인 자기계발을 위한
3시간 수면법

당신은 '잠을 하루에 몇 시간 자는 것이 좋다'고 생각하는가? 아마 많은 사람이 '8시간 수면이 이상적'이라고 말할 것이다. 하지만 8시간이 과학적으로 증명된 사실일까?

우리는 흔히 '8시간 수면'이라는 통설에 얽매여 "어제는 7시간밖에 못 잤다. 한 시간 차이가 이렇게 크다니……"라고 말하며 피곤해하거나 "오늘은 9시간이나 자버렸다."고 말하며 자신의 게으름에 스스로 화를 내곤 한다. 하지만 그건 기분상의 문제일 뿐이다. 중요한 건 '수면 시간보다는 수면 리듬'이기 때문이다. 결국 수면 부족을 느끼는 것은 생체리듬과 생활리듬에 격차가 생겼기 때문이다. 우리는 대개 스스로 일어나는 게 아니라 알람소리든 배우자의 손이든 무언가에 의해 '억지로' 일어나게 된다. 그리고 잠이 오는 것을 '억지로' 참고 업무를 시작한다. 이렇게 우리는 '억지로' 생체리듬을 무시하고 생활리듬에 자신을 맞추는 생활을 반복한다.

자기계발을 하기로 마음을 먹었다면 이제 '억지로' 관리되던 수면 시간을 '스스로' 관리해 나가야 한다. 지금 한번 체크해 보자. 당신의 수면 시간은 몇 시간인가? 나의 수면 시간을 먼저 고백하자면, 나는 10분 정도의 오차로 하루에 3시간을 자고 있다. 아주 가끔 많이 자고 일어나도 6시간을 절대 넘지 않는다. 그러나 이것은 1년에 거의 두세 번 밖에 일어나지 않는 일이므로 3시간 수면을 실천하고 있다고 생각해도 큰 무리는 없을 것이다.

하루 3시간 수면은 이미 10년 이상 계속해 오고 있는 수면 리듬이다. 수면 시간에 있어 7시간이나 9시간이라는 숫자에 얽매일 필요는 없다. 수면 시간이 3시간인 나의 경우가 그 증거다. 여러분이 신경 써야 할 것은 수면 시간이 아니라 수면의 리듬이다. 더구나 수면 시간에만 신경을 쓰면 스트레스의 요인이 될 수 있다. 우선은 자기만의 수면 리듬을 만들어야 한다.

아마 내가 실천하고 있는 3시간 수면법이 몸에 무리를 주는 수면법이라고 생각하는 독자들도 있을 것이다. 사람은 잠을 잘 자는 게 중요하니 3시간은 너무 짧은 수면 시간이라고 생각할 지도 모르겠다. 그런 독자의 의문을 풀어 주기 위해 지금부터는 잠의 메커니즘에 대해 알아 보자. 잠에는 크게 '깊은 잠'과 '얕은 잠'이 있다. 우리는 작은 소리에도 잠에서 깰 정도로 얕은 잠을 잘 때가 있고 사람이 흔들어도 모를 정도로 깊은 잠을 잘 때도 있다. 이것은 절대 그날의 컨디션에 의한 것이 아니다. 잠에는 렘REM 수면과 비렘None REM 수면, 두 종류가 있는데 우리는 이것을 교대로 반복하며 잠을 잔다. 이 둘은 약 90분을 주기로 교대로 찾아오는데 간단히 말하면 렘수면은 얕은 잠, 비렘 수면은 깊은 잠이다. 이 90분 주기 가운데 약 70분이 비렘 수면, 나머지 20분이 렘 수면에 사용된다. 기분 좋게 잠에서 깨기 위해서는 얕은 잠인 렘 수면 중에 일어나는 것이 좋다. 90분 주기이므로 대략 잠든 지 3시간 후, 4시간 30분 후, 6시간 후가 렘 수면기다. 여러분이 잠을 깬 후에 안 좋은 기분이 든 것은 깊이 잠들어 있는 비렘 수면일 때 기상을 했기 때문이다.

   3시간 잠을 잤을 경우에는 90분 주기의 잠이 2세트 반복되는 셈이고, 6시간 잠을 잤을 경우에는 90분 주기의 잠이 4세트 반복되는 셈이다. 이때 가장 깊은 비렘 수면 시간은 첫 번째 세트의 90분이다. 두 번째, 세 번째 횟수를 거듭할수록 잠은 얕아져 네 번째 세트의 비렘 수면은 매우 얕은 잠이 된다. 따라서 잘 때는 최초의 3시간이 매우 중요하다. 3시간 수면법은 과학적인 확실한 근거가 있다.

이처럼 잠을 잘 자는 것은 굉장히 중요한 일이다. 잠을 제대로 자지 못하면 아무리 열정이 강력해도 언젠가는 건강을 잃게 될 것이다. 이부진처럼 하루하루가 중요한 일의 연속이라면 잠의 중요성은 더욱 높아질 수 밖에 없다. 모든 중요한 일을 결정하고 책임을 져야 하는 자리에 있는 이부진의 입장을 생각해 보면, 내일 아침 일찍 외국에서 중요한 바이어가 온다고 해서 당장 오늘 마무리를 해야 할 일을 하지 않을 수는 없는 노릇이다.

게다가 2001년 그녀가 신라호텔을 개혁하는 시기를 살펴 보면, 그녀는 그 1년 동안 유통·인테리어 등 호텔과 관련한 공부를 엄청나게 했다. 그래서 새벽 3시에 업무와 관련한 이메일을 보내기도 할 정도였다. 거의 매일 모든 업무를 마치고 잠에 들 때면 시계는 새벽 3시를 가리켰을 것이다.

그 엄청난 업무를 다 처리하고, 다음 날 누구보다도 멀쩡한 얼굴로 다시 출근을 하기 위해서 이부진 역시 가장 이상적인 수면법인 3시간 수면법을 실천했을 확률이 높다.

이건희 역시 마찬가지다. 2002년 4월 19일 오후 4시, 이건희와 삼성전자 수뇌부들이 용인에 있는 삼성인력개발원에 있는 창조관에서 회의를 시작했다. 당신은 이 회의가 몇 시 정도에 끝이 났을 거라 예상을 하는가? 놀랍게도 이 회의는 새벽 2시가 조금 넘어서까지 이어졌다. 그러면 아침 식사는 거르고 점심까지 내리 잤을까? 그렇게 생각했다면 당신의 예상은 완벽하게 틀렸다. 그들은 잠시 수면을 취하곤, 오전 6시 정각에 식사를 한 후 다시 회의에 들어갔다. 세면을 하고 이런저런 준비를 하는 시간을 제외하면 그들은 겨우 3시간만 잔 것이다. 그리고 또 오후 6시까지 회의를 했다. 20시간 이상 회의를 한 것이다. 나는 그들이 20시간을 연속으로 회의를 할 수 있었던 까닭은 3시간 수면에 있다고 생각한다.

나는 '기업의 CEO는 평균 4시간을 잔다. 하지만 성공한 기업의 CEO는 3시간을 잔다'는 생각을 해 본 적이 있다. CEO는 잠에 굉장히 민감하다. 많이 잘 수 없다는 것을 알고 있기 때문에 가장 적게 자고도 가장 무리가 없는 수면법을 택할 수 밖에 없다. 그래서 많은 성공한 CEO들은 하루에 15~16시간을 활동해도 아무렇지도 않고 건강을 유지할 수 있는 3시간 수면법을 실천하고 있다.

물론 모든 사람이 3시간 수면법을 실천할 필요는 없다. 여기에서 중요한 것은 누군가에 의해 억지로 관리되던 수면 시간을 스스로 조절해 변화를 주는 것이다. 그리고 이왕이면 과학적으로 증명된 효율적인 잠의 시간인 '3시간', '4시간 30분', '6시간', '7시간 30분'의 흐름에 따라 수면 리듬을 조절해 나가면 보다 상쾌한 아침을 맞이할 수 있을 것이고 그것을 기반 삼아 업무과 자기계발에 더욱 집중할 수 있을 것이다.

평정을 잃지 않는
마음관리법

　　이부진의 외모를 떠올리면 일단 커다란 눈동자에 마른 체구가 연상된다. 여성스럽고 연약해 보이지만 직접 보면 그 존재감에 놀라지 않을 수가 없다. 그녀에겐 쉽게 무너지지 않는 굳건한 자신만의 방식이 있다. 누구 앞에서도 흔들리지 않는 이부진의 굳건함을 보면 오드리 헵번이 떠오른다. 오드리 헵번은 〈로마의 휴일〉로 아카데미 여우주연상을 받으면서 최고의 여배우로 자리매김했고 〈사브리나〉, 〈티파니에서 아침을〉, 〈마이 페어 레이디〉 등 26편의 작품을 통해 티 없이 맑고 순진한 여성상을 표현했다.

하지만 중요한 건 그녀의 실제 삶이다. 오드리 헵번은 이런 말을 했다.

"내가 코를 풀면 그 사실이 전 세계에 보도되었다. 하지만 사람들이 보는 내 이미지는 모두 외모에 관한 것뿐이다. 오직 나만이 진실을 알고 있다."

이부진 역시 마찬가지다. 사람들과 기자들은 24시간 내내 그녀의 일거수를 지켜보고 있다. 아주 사소한 잘못이라도 하나 나타나면 그 순간 엄청나게 포장이 돼서 사람들 입에 오르내린다. 하지만 이부진과 오드리 헵번은 자신을 지킬 수 있는 굳건한 삶의 태도를 지니고 있었기에 많은 사람들이 자신에게 상식 이상의 관심을 보일 때도 초연하게 받아들이고 행동할 수 있었다.

이런 능력을 가지는 게 쉬운 일은 아니다. 평정을 잃지 않는 건 어쩌면 사람이 가질 수 있는 가장 고단수의 기술일 수도 있다. 이부진은 어떻게 이런 능력을 가질 수 있었을까? 이부진의 '평정을 잃지 않는 법'은 고 이병철 회장과 이건희 회장의 가르침을 통해 얻어진 것이다.

고 이병철은 아들 이건희에게 목계木鷄의 교훈에 대해서 들려주고 항상 자신을 경계하라고 가르쳤다. 다음은 『장자』의 〈달생편〉에 나오는 이야기다.

> 싸움닭을 만들기로 유명한 기성자라는 사람이 있었다. 그는 왕의 부름을 받고 싸움닭을 훈련시키게 되었다.
> 열흘이 지나 왕이 물었다.
> "이제 대충 되었는가?"
> 그러자 기성자가 대답했다
> "아직 멀었습니다. 지금 한창 허장성세를 부리고 있는 중입니다."
> 열흘이 지나 왕이 또 물었다.
> "대충 되었겠지?"
> "아직 멀었습니다. 다른 닭의 울음소리나 그림자만 봐도

덮치려고 난리를 칩니다."

다시 열흘이 지나 왕이 또 물었다.

"아직도 훈련이 덜 되었습니다. 적을 오직 노려보기만 하는데 여전히 지지 않으려는 태도가 가시지 않습니다."

그리고 또 열흘이 지났다.

"대충 된 것 같습니다."

이번에는 왕이 궁금해서 물었다.

"도대체 어떻기에?"

기성자가 대답했다.

"상대 닭이 아무리 소리를 지르고 덤벼도 조금도 동요되지 않습니다. 멀리서 바라보면 흡사 나무로 만든 닭 같습니다. 다른 닭들이 보고는 더 이상 반응이 없자 다들 그냥 가버립니다."

이것이 나무로 만든 닭, 즉 목계에 대한 이야기다. 장자는 여기에서 무엇을 말하려고 했을까? 그것은 세파에 대한 초연함이었을 것이다. 상대가 아무리 으르렁거려도 초연하게 대처하는 마음, 그것을 가르쳐 준 것이 목계였다.

고 이병철은 50년간 삼성을 경영하면서 6·25전쟁, 4·19혁명, 5·16군사정변, 12·12사태 등을 겪었다. 그는 부정축재자로 몰리기도 하고 한국비료, 동양방송 등 평생 공을 들여서 만든 기업체를 빼앗기는 수난을 겪기도 했다. 모든 건 음모였고 사실과는 달랐다. 하지만 진상을 알지 못하는 국민들은 그를 욕했고 매국노라 부르기도 했다. 하지만 그는 흔들리지 않았다. 평생을 초지일관 의연한 자세로 난관을 극복해 나갔다. 그러한 '평정을 잃지 않는 법'을 고 이병철이 이건희에게 그리고 이건희가 이부진에게 전수해 준 것이다. 덕분에 이부진은 어떤 상황에서도 외부로부터 자신을 지킬 수 있는 자제력을 가질 수 있었다.

자제력은 인간이 가질 수 있는 최고의 무기다. 인간은 대부분 자제하지 못해서 뜻하는 바를 이루지 못하게 되기 때문이다. 정신적인 자유를 얻고 어제보다 나은 오늘의 자신이 되고 싶다면 본

능적인 욕구를 자제할 수 있어야 한다. 이때 필요한 것이 자제력이다. 세상을 지배하고 있는 자는 단지 힘이 센 자가 아니라 자신의 욕구를 자제할 줄 아는 자다. 지속적인 단련을 통해 자신의 생각과 말과 행동을 통제할 수 있는 사람이 세상을 지배할 수 있는 가장 강력한 무기를 가진 자다.

이부진은 어떤 곤란한 상황이 찾아와도 담담한 얼굴로 맡은 일을 끝까지 완벽하게 처리해 낸다. 이부진을 보면 느낌상으로는 보통 사람과 별 다를 게 없는데 이상하게 기품과 범접하지 못할 분위기가 흐르는 것을 알 수 있다. 이는 비싼 옷을 입고 있거나 뒤에 수많은 경호원을 두고 있기 때문이 아니다. 바로 이부진에겐 다른 사람에게는 찾아볼 수 없는 강력한 자제력이 있기 때문이다. 자제력은 사람을 품위 있게 만드는 가장 중요한 요소다.

무력한 삶을 살고 싶지 않다면 가장 먼저 체크해야 할 것이 '늘 마음의 평정을 잃지 않아야 한다'는 것이다. 자기 자신을 통제할 수 없다면 아무

것도 할 수 없다. 지금 하고 있는 일이 잘되지 않는 것은 그다지 위험한 게 아니다. 가장 위험한 것은 그 상황에서 당신이 마음의 평정을 잃어버리는 것이다. 그게 모든 것을 잃게 만들기 때문이다.

물론 평정심을 갖는다는 것은 상당히 어려운 일이다. 많은 수련과 노력 없이는 이루기 힘들다. 실제로 많은 사람들이 사소한 문제에 대해서는 아무렇지도 않게 넘어가지만 아주 힘든 상황에 놓이게 되면 평소에 가지고 있던 여유를 잃고 흥분하게 된다. 지금 당신이 처한 상황이 최선의 상황인지 최악의 상황인지는 그다지 중요하지 않다. 중요한 건 당신이 '마음의 평정을 잃었느냐 아니냐'다.

자신의 감정을 다스릴 수 있는 사람은 누구와도 좋은 관계로 지낼 수 있으므로 보다 폭 넓은 배움을 얻을 수 있다. 부정적인 상황에서도 긍정적인 배움을 얻을 수 있다. 하지만 자신의 감정을 통제하지 못하면 아무것도 생각나지 않으므로 배울 수 없다. 좀 더 넓고 깊은 배움을 얻고 싶다면 자신의 감정을 통제하는 방법을 먼저 깨달아야 한다.

잠재력을 볼 수 있는
안목 기르기

"역시 넌 참 안목이 있어. 이걸 어떻게 예상할 수 있었어?"

안목이란 겉으로는 보이지 않지만 분명히 내재된 잠재력을 인식하는 능력이다. 간단하게 말해 지렁이 속에서 거대한 아나콘다를 보는 능력을 말하는 것이다. 지금은 겉으로 보기에 작고 연약한 지렁이의 능력을 가지고 있지만 내재된 힘은 분명 아나콘다 이상일 것이라고 예상할 수 있는 힘을 안목이라 부른다.

안목을 기르기 위해서 가장 필요한 것은 긍정적인 마음으로 사물을 재구성할 수 있는 힘이다. 흔한 예를 들자면 컵에 든 물을 보고 "반만 남았네."라고 말하는 사람이 있고, "반이나 남았네."라고 말하는 사람이 있다. 컵에 든 물의 양은 같지만 그것을 바라보고 해석하는 사람의 관점은 전혀 다르다. 부정적인 해석을 한 사람은 거기에서 모든 것이 멈추지만 긍정적으로 해석한 사람은 무의식적으로 현실을 재구성해서 다른 사람 눈에는 보이지 않는 새로운 결과를 만들어 내는데 그게 안목으로 발전하게 된다.

이번엔 좀 더 현실적인 예를 들어 설명해 보겠다. 당신은 6성급 호텔의 근사한 레스토랑에서 식사를 하고 있다. 흔치 않는 경험이므로 당신은 식사를 하면서 자주 주위를 둘러볼 것이며 식사하는 것도 평소처럼 급하게 하지 않으며 '역시 비싼 데는 뭔가 달라.'라고 생각하며 일반 레스토랑과 다른 점을 계속 찾으려 할 것이다. 그런 당신에게는 더 이상 그곳의 나쁜 점이나 부정적인 측면은 보이지 않는다. 좋다는 생각 때문에 계속 좋은 것만 눈에 보일 것이다. 따라서 모든 것이 긍정적으로 보이고 평소에는 무관심하게 넘어갔을 모든 것들이 새롭게 느껴질 것이다.

이번엔 반대로 동네 재래시장에 와서 분식을 먹는다고 생각해 보자. 당신은 호텔에서 식사를 할 때와는 달리 급하게 식사를 할 것이며 오로지 먹는 데만 집중하며 간혹 맛이 실망스럽더라도 '여긴 시장이잖아, 여기서 뭘 기대해. 이 정도면 됐어.'라고 스스로를 위안할 것이다. 게다가 음식 값을 깎으려 하거나 시장 인심을 바라며 좀 더 달라고 말하기 위해서 음식을 살펴보고 식당을 둘러보며 장점은 죽이고 결점을 찾아내려 애쓸 것이다.

극단적인 예를 들었지만 좋은 안목을 가지고 성공한 사람들은 주변에서 매일 일어나는 모든 현실을 긍정적인 시각으로 재구성하려는 능력을 가지고 있다. 그래서 남들이 보지 못하는 잠재력을 발견해 낸다. 말하자면 성공한 사람들의 시선에서는 모든 것이 6성급 호텔인 셈이다.

이런 안목 덕분에 극적으로 성공한 사례가 바로 세계 최고의 브랜드 지수를 자랑하는 코카콜라다. 코카콜라는 본래 그것을 만들기 위해서 탄생한 것이 아니었다. 아사 캔들러의 안목이 코카콜라를 만들어 냈다. 그는 실패한 두통약에서 최고의 청량음료를 만들어 낼 긍정적인 가능성을 통찰했다. 그리고 약품이 아닌 음료수라는 제품으로 재구성하여 소비자에게 코카콜라의 맛을 알리고 최고의 브랜드 지수를 자랑하는 가치 있는 기업을 만들어 냈다.

안목은 누구에게나 있다. 하지만 올바른 안목을 지닌 사람들은 그다지 많지 않다. 그래서 간혹 서툰 안목은 정성껏 다듬어 온 인생을 무너지게 만들기도 한다. 그걸 방지하기 위해서는 일단 모든 상황을 대할 때 긍정적으로 바라봐야 한다. 이미 모든 것을 알고 있다는 눈으로는 새로운 것을 발견할 수 없고 재구성할 여지도 없다. 때문에 안목은 발전하지 않는다.

아사 캔들러는 "이건 단지 실패한 두통약인가?"라는 긍정적인 질문을 던지고 긍정적인 생각을 이끌어내 약이 아닌 음료수라는 상품을 재구성할 수 있었다. 그리고 그것은 세기의 안목이 되었다.

당신도 그런 안목을 가질 수 있다. 지금은 불가능해 보일지 모르지만 본래 안목이라는 것이 불확실성에 대한 믿음이니 다음의 질문을 반복하며 안목에 대한 능력을 기르면 생각보다 빠른 시간 안에 올바른 안목을 지닐 수 있다. 일단 누가 어떤 말을 하든지 긍정적이고 새로운 관점으로 바라보겠다는 결심을 하자. 그리고 마음속으로 이렇게 질문하자.

'어떤 방식을 취하면 좀 더 새로운 방식으로 바라볼 수 있을까?'

'상대방의 장점은 무엇인가?'

'아이디어를 실현하려면 무엇을 해야 하는가?'

이부진 역시 늘 긍정적인 태도를 잃지 않았는데 그 태도가 호텔신라에 긴장감을 불어넣을 수 있었다. 모든 것을 변화가 가능하다는 관점으로 보니 시간이 많이 걸리더라도 결국엔 아이디어를 실현하기 위한 방법을 찾아내는 것이다. 많은 사람들이 호텔은 그냥 잠자고 먹고 즐기는 곳이라고 생각했지만 이부진은 호텔의 잠재력을 더 끄집어내기 위해 노력했다.

식사도 거른 채 2층에서 몇 시간씩 로비를 내려다본 적도 있다. 차량이 드나드는 것과 직원들의 움직임까지 꼼꼼하게 체크하기 위해서다. 어떤 날은 새벽부터 출근해 주차장부터 시작해서 호텔 구석구석을 누비고 다녔다. 자신이 경영하는 호텔의 잠재력을 끄집어내기 위한 노력은 여기에 그치지 않았다. 경쟁사인 워커힐호텔에 머물면서 참고할 만한 점을 기록하기도 했다.

에버랜드의 혁신적인 변화의 중심에도 이부진이 있었다. 이부진은 에버랜드 동물원의 사파리

스페셜 투어 차량의 보호망 색이 밝아서 차 내에서 밖을 볼 때 눈부심 현상이 발생한다는 점을 파악했다. 곧바로 현장감 있는 체험을 위해 보호망 색을 은색에서 암녹색으로 변경하는 것이 좋겠다는 현실적인 의견을 제시했다.

호텔신라의 급격한 매출 신장은 잠재력을 이끌어내는 능력이 있었기 때문에 가능했던 것이다. 남이 생각하는 정도에서 만족하지 않고 긍정의 눈으로 끊임없이 잠재력을 발견하고 그걸 수익으로 연결시킨 노력의 결과다.

혁신적인 성과는 호텔신라뿐 아니라 에버랜드에서도 나타난다. 금융감독원 전자공시에 따르면 에버랜드는 2010년에 매출 2조 2,186억 원에 영업이익 1,623억원을 기록했다. 매출 2조 원을 넘긴 것은 창립 이래 처음이다. 에버랜드의 성장과 변신에 이부진 효과를 빼놓을 수 없다는 게 업계의 일반적 시각이다. 이부진 사장이 2009년 경영전략 담당 전무로 경영에 참여하면서 사업구조가 달라졌다는 이유에서다. 사업 구조란 바로 숨겨져 있던 잠재력을 말하는 것이다. 그녀에게 그런 능력이 있기에 2020년까지 매출 20조원을 달성하겠다는 비전이 허무하게만 들리지는 않는 것이다.

이부진처럼 어떤 상황에서도 장점을 찾아내고 그것을 실현할 수 있는 방안을 찾는 노력을 끊임없이 해 보자. 그렇게 해서 다양한 아이디어를 내고 실현하면서 처음엔 몰랐던 사물의 잠재력을 볼 수 있는 힘을 가질 수 있게 된다. 그게 당신의 안목을 길러 줄 것이다.

이부진의 힘은
자기관리법에서 나온다

이부진의 주변사람들을 통해 들리는 이야기를 종합해 보면 그녀는 굉장히 가정교육을 철저하게 받은 다부진 사람이라는 결론을 내릴 수 있다. 청춘의 절정기인 대학 시절을 살펴보자. 당시 이부진을 가르쳤던 교수는 그 시절의 이부진을 이렇게 기억하고 있다.

"수업에 충실하게 임하는 모습이 굉장히 인상적이었어요. 특히 가정교육을 잘 받았다는 느낌이 확실하게 왔어요. 학생들을 가르치다 보면 '이 아이는 정말 가정교육 잘 받았구나'라는 생각이 절로 들 때가 있는데 이부진이 딱 그랬어요."

실제로 그녀는 한창 놀고 싶은 시기인 방학 때도 동생 이서현에게 직접 과외를 해 주며 시간을 보냈다. 사람들은 이부진이나 이서현이 엄청난 비용을 투자해서 족집게 강사에게 과외를 받았을 거라 생각하는데 그렇지 않다. 완벽한 가정교육을 통해 대학생으로 자란 이부진이 방학을 이용해 동생이 가장 어려워하는 과목을 위주로 과외를 해 준 것이다. 가정교육이 완벽하지 않았다면 이런 상황은 거의 상상하기 힘들었을 것이다. 우리네 주변만 봐도 쉽게 알 수 있다. 방학 때 자신의 시간을 모두 투자해서 동생을 가르쳐 주는 형제는 찾아보기 힘들다.

이부진의 철저한 가정교육에 대한 이야기는 학창 시절뿐 아니라 그녀가 사회에 진출한 후에도 계속 이어진다. 지인 중 에버랜드 하청업체에서 일을 하는 사람이 있는데 가끔 이부진이 하청업체를 방문해서 회의를 하곤 했다는 말을 한 적이 있다. 이부진이 방문하는 날은 완전 비상이 걸린다고 한다. 일단 회의를 시작하면 최소 5시간 이상은 지속되고 철저하게 모든 일에 대해서 지적하고 해결방안을 찾아 나가기 때문이다. 그러다가 하루는 쉬는 시간에 청소를 하는 아주머니와 이부진의 눈이 마주친 적이 있었다. 청소를 하는 아주머니는 이부진에게 이렇게 물었다.

"늘 회의를 굉장히 오래 하시네요. 왜 그렇게 회의를 오래 하셔요?"

그러자 냉철한 눈빛으로 서류를 읽던 이부진이 활짝 웃으며 대답했다.

"전 일하는 게 가장 좋아요."

우리들은 '부자들은 가난한 사람들을 무시한다'는 편견을 가지고 있다. 하지만 이부진은 학창시절에도 사회에 진출을 해서도 늘 한결같았다. 회사의 청소부에게도 마치 부모를 대하는 것처럼 상냥하게 대화를 나눴다. 누가 봐도 '아, 이 아이는 정말 가정교육을 제대로 받았구나.'라는 생각이 들 만큼 예의 바르고 겸손하게 행동했다. 부모의 가르침도 중요했지만 성인이 된 후에는 스스로 자신을 그러한 사람으로 만들어 간 것이다.

유럽에서 전해지는 유명한 속담이 있다.

'창업자 세대는 기업을 세우고, 2세대는 기업을 물려받고, 3세대는 기업을 파괴한다.'

창업도 힘들지만 수성은 더 어렵다는 것을 단적으로 보여 주는 말이다. 대체로 2, 3세대가 겸손하지 않고 자만에 빠지면 조상이 이뤄놓은 일을 지키지 못한다. 이건희 회장은 후계자로 결정된 후 부친으로부터 눈물이 쏙 빠질 만큼 가혹한 경영수업을 받았다. 평생 칭찬을 들어본 적이 없었고 아무나 만나는 것도 허락되지 않았다.

한번은 외국의 한 전직 언론인이 고 이병철 회장을 만나러 사무실에 갔는데 이병철이 손톱을 깎고 있는 동안 누군가가 밑을 받쳐 주고 있는 것을 목격했다. 처음엔 누군가 했었는데 알고 보니 그

인물이 충격적이었다. 손톱을 받아 주던 사람은 이건희였던 것이다. 이처럼 삼성가는 자녀교육에 있어 관리가 굉장히 엄격하다. 자녀들은 성인이 된 후에도 스스로 자신을 관리하는 게 습관처럼 될 정도다.

이부진처럼 철저하게 자신을 관리한다면 삶에 큰 변화가 올 것이다. 모든 공부를 다 해도 스스로 그것을 관리할 사람이 되지 못한다면 공부는 쓸데없는 시간낭비에 불과하다. 지금껏 흥청망청했었다면 과거의 자신은 잊고 완벽하게 스스로를 관리하는 삶을 살아 보자.

chapter
3

이부진의
논어 경영

수준 높은 인생을 위한 선택

대학생이 뽑은 롤모델 1위. 한국의 많은 젊은 여성들이 이부진과 함께 같은 회사에서 일을 하고 싶어한다. 한국에는 이부진 말고도 많은 CEO가 있는데 유독 그녀가 1위를 차지하고 그녀와 같은 곳에서 일을 하고 싶어하게 되는 이유는 무엇일까? 가장 큰 이유는 바로 겸손이다.

시간을 2011년 4월 12일, '호텔신라 한복출입금지' 사건이 일어난 때로 돌려 보자. 그날 저녁 한복디자이너 이혜순씨는 호텔신라의 뷔페 레스토랑을 찾았다가 한복을 입었다는 이유로 출입 거부를 당했고 그녀의 둘째 아들이 이 내용을 트위터에 올리면서 사건이 시작됐다. 인터넷을 중심으로 호텔신라의 한복 폄하 논란이 빠르게 확산되자 13일 호텔신라 측은 '최근 한복을 입고 식당에 입장하려는 고객에게 물의를 일으킨 점에 대해 정중히 머리 숙여 사과 드린다'며 공식 사과문을 게재했다. 하지만 여기까지는 대기업에서 취할 수 있는 기본적인 대응이다.

호텔신라 한복출입금지 사태가 빠르게 정리될 수 있었던 결정적인 계기는 다른 곳에 있었다. 바로 이부진 사장의 빠르고 직접적인 사과다. 나는 여기서 다른 대기업의 CEO와는 다른 그녀의 겸손함을 느낄 수 있었다. 우리는 보통 다른 사람이 저지른 잘못에 대해서는 굉장히 냉정하다. 그래서 당장 사과를 받는 건 기본이고 잘못에 대한 대가를 분명하게 받아야 한다고 말한다. 그러나 생각해 보면 우리는 얼마나 자신의 잘못을 시인하며 사는가? 남에게는 사과하는 일이 기본이라고 말하면서 우리는 그 기본을 하며 살고 있는가?

혹자는 이부진이 재빠르게 사과를 한 것을 보고 "당연히 사과할 만한 일을 사과했다."고 말하며 언론플레이에 불과하다고 비꼴 수도 있다. 하지만 언제나 그렇듯 그런 사람은 극소수다. 네티즌 사이에서는 앞으로 호텔신라를 이용하지 말자는 이야기가 나오고 있고 한복출입금지가 일어났던 호텔신라의 파크뷰 뷔페에 한복을 입고 출입해서 호텔신라를 증오하는 우리의 생각을 적극적으로 알리자는 다소 반발적인 이야기도 떠돌았다.

그러나 그걸 정말 실천했다는 사람을 나는 본 적도 없고 오히려 사과 기사 이후 호텔신라의 주식이 상한가를 치고 있는 걸 보면 많은 사람들이 일부 신라호텔을 비하는 사람들보다 이부진의 사과에 담긴 진정성을 알아보았다고 생각한다. 호텔신라에 안 좋은 영향을 미칠 수도 있는 사건이었지만 이부진의 겸손한 대응으로 인해 대중이 이부진의 인간적인 부분에도 반하게 되는 계기가 되었다.

어쩌면 호텔신라의 한복출입금지 사건은 풀 수 없는 문제였을지도 모른다. 마케팅 업계 최고 권위자인 잭 트라우트와 컨설팅 전문가 앨 리스가 1980년대에 함께 쓴 『포지셔닝Positioning』이라는 책에는 이런 말이 나온다.

"결코 사실을 무기로 인식과 싸우려 들지 말라. 언제나 인식이 이기기 마련이다."

한국 사람들이 가지고 있는 '한복출입금지=한국인무시'라는 것은 하나의 인식이다. 인식을 파괴할 방법은 없다. 인식을 파괴하려고 하면 할수록 오히려 그 인식은 더욱 견고한 벽을 쌓고 자신의 신념을 지키려 노력하게 된다. 그래서 인식이 성립된 이후에는 어떤 변명도 그저 변명으로 남을 뿐이다. 사람들은 사실에 관심을 두지 않고 인식만을 지키려 애를 쓰게 된다.

사실 호텔신라가 한복을 폄하한다는 증거는 어

디에도 없다. 반대로 한복을 중시한다는 증거는 얼마든지 많다. 실제로 호텔신라에서 지난 2006년과 2008년에 한복의 우수성을 알리기 위해 패션쇼가 열렸고 한 행사에 이부진이 한복을 입고 참석한 모습이 수많은 언론에 노출됐음에도 '한복출입금지=한국인무시'라는 인식에서 빠져 나오는 건 불가능한 일이었다. 오히려 대중들은 그 인식에 힘을 실어 주기 위해 기모노를 입고 호텔신라에 출입한 여성의 사진을 어렵게 찾아내서 그게 전부인 것처럼 주장을 했다.

보통 사람 같으면 속에서 열불이 났을 것이다. 지켜보는 나도 그랬다. '사람들은 왜 이렇게 잘 알지도 못하면서 한 기업을 그리고 한 사람을 매도하는 것일까?'라는 생각에 마치 내가 호텔신라의 주인이 된 것처럼 화가 나기도 했다. '아니면 말고'라는 식의 무책임한 행동이 수십 년 쌓아 온 기업의 이미지를 망친다는 것을 알고 있는지 모르는지 사람들은 막무가내로 거침없는 비난을 일삼았다.

놀랍게도 이부진은 그 모든 것을 이해한다는 듯 겸허하고 겸손하게 행동했다. 나는 그 모습이 CEO가 할 수 있는 최선의 올바른 선택이라고 생각했다. 존경받는 사람, 올바른 사람, 성공한 사람은 타고나는 게 아니라 정말 사소한 태도의 차이가 전부라는 것도 알게 되었다. 이부진 곁에 서 있지 않아도 이부진이라는 사람의 포스가 느껴지는 것 같았다.

그리고 한 권의 책이 생각났다. 이해할 수 없는 상황이라도 받아들이고 나를 위해서가 아니라 남을 위해서 살아가는 그녀의 삶의 방식을 보며 『논어』를 떠올렸다. 독서가인 고 이병철 회장이 가장 좋아했던 책이 바로 『논어』다. 그는 실의에 빠져 있었을 때 『논어』를 미친 듯이 읽으며 삶의 고통을 달랬다고 했다. 고통 속에서 그를 구하고 인생 전반에 걸쳐 도움을 준 것은 다름 아닌 『논어』였던 셈이다.

『논어』는 지금 읽기엔 너무 고전이라고 생각할

수도 있지만 호암은 물질만능인 이 시대에 바람직하지 않은 것들을 바로잡기 위해서는 반드시 『논어』를 읽을 가치가 있다고 판단했다. 이런 호암의 『논어』에 대한 남다른 애정은 그대로 이부진에게 옮겨졌고 이부진의 경영 스타일에 많은 영향을 주었다.

『논어』는 공자와 그 제자들의 대화를 기록한 책으로 사서 중 하나다. '학學'으로 시작해 '지인知人'이란 단어로 끝나는 『논어』는 이부진이 사는 것처럼 좀 더 수준 높은 인생경영을 위해 반드시 필요한 책이다. 이부진이 적극적으로 자신의 경영 스타일에 접목하고 있는 논어를 알게 된다면 독자 여러분도 좀 더 수준 높은 인생경영을 할 수 있게 될 것이다.

끝까지 완벽하게
이기는 삶을 위한 선택

수준 높은 인생은 당장의 결과에 연연하지 않는다. 하지만 장기적인 결과에는 연연해야 한다. 시작부터 끝까지 흐름의 변화 없이 완벽하게 이기는 삶을 살아야 한다. 물론 쉬운 일이 아니다. 하지만 논어를 통해 공자는 우리에게 끝까지 이기는 삶을 살기 위해서는 4가지 덕목을 잊지 않아야 한다고 강조한다. 이 덕목을 기억하고 산다면 수준 높은 삶을 사는 게 그리 어렵게 느껴지지는 않을 것이다.

첫째는 멈추지 않는 지적인 도전이다. 많은 사람들이 알고 있다. 공부는 평생을 지속해야 한다는 것을 말이다. 하지만 살기에 바쁘다 보니 일부러 시간을 내어 독서를 하거나 학원을 다니면서 자기계발을 하는 게 쉽지 않다.

여기서 생각해 보자. 이부진은 굴지의 기업을 3개나 맡고 있다. 세 회사의 오너라는 말이다. 회사 하나를 운영하는 것도 힘들어서 24시간 온종일 일에 매달려도 모자란데 이부진의 일정은 얼마나 더 빡빡하겠는가? 그래도 그녀는 자기계발을 멈추지 않는다. 멈추지 않고 더 많은 지식을 쌓기 위한 노력을 한다. 이런 지적인 도전이 이부진이 창의적이고 혁신적인 경영을 하는 데 도움을 주고 있다.

둘째는 행동이다. 아무리 깊고 넓게 지식을 쌓아도 이를 실천하지 않으면 아무 일도 일어나지 않는다. 행동이 수반되지 않는 지식은 쓸데가 없다는 말이다. 이부진의 경영은 현장경영이라고 말할 수 있다. 현장으로 직접 가서 가지고 있는 지식을 활용해 좀 더 좋은 방법을 찾아내고 회사가 좀 더 효율적으로 돌아갈 수 있게 만든다.

셋째는 봉사다. 무슨 일을 하든지 오직 나의 이익만 생각하면 안 된다. 남을 위해 봉사를 하지 않는 삶은 무의미하다. 만약 직장인이라면 그게 대기업이든 중소기업이든 우리는 어느 조직에 속하게 된다. 그 안에서 이기적으로 나만을 위해 살거나 오직 욕망이 이끄는 대로 행동한다면 당장은 성취를 이룰 수 있을지 모르나 결국엔 고립되고 나락에 빠질 확률이 높아지게 된다. 사회에서도 마찬가지다. 남을 위해 산다는 생각으로 처신한다면 그게 곧 나를 위한 길임을 깨닫게 될 것이다.

넷째는 열정이다. 보통 사람들은 실패한 사람들에게 "넌 열정이 부족해."라고 말한다. 그렇게 열정이 부족한 사람들은 감기에 걸린 사람처럼 금방 티가 난다. 이부진은 세계 최고의 여성 CEO가 되겠다는 목표를 가지고 있다. 그 정도의 목표를 가진 사람의 열정은 어느 정도일까? 아마 상상이 되지 않을 것이다. 그래서 사람들은 이부진 옆에만 서도 뜨거워진다는 말을 한다. 열정의 온도가 곁에 있는 사람들에게까지 전해지는 것이다. 그게 바로 아우라이며 포스다.

이 4가지 덕목을 익히면 자연스럽게 '직관력'까지 가질 수 있다. 직관력은 학교 교육에서는 중요하게 생각하게 하지 않지만 모든 분야의 창조적인 사고와 성공의 요건이다. 그만큼 직관력은 중요한 능력인데 사람들은 보통 직관력은 자신과 관계가 없는 상위 1% 이상만 가지고 있는 타고난 능력이라고 생각한다. 하지만 세상에서 크게 성공한 사람들을 관찰해 보면 직관력은 '우연히' 발달시킬 수 있었던 사람은 거의 없다고 봐도 무방할 정도로 후천적인 부분에 속한다.

직관력은 우연에 기대는 능력이 아니라 스스로의 계발에 의해 발전될 수 있는 능력이다. 물론 직관력은 보통의 직장인이나 학생들에게는 필요하지 않다. 여기에서 중요한 부분은 바로 '보통'이라는 수준이다. '보통'의 수준을 넘어 '특별한 수준'에 이르기 위해서는 반드시 직관력이 필요하다. 작게는 바로 앞에 있는 문제에 대한 의사결정, 크게는 자신의 삶에 대한 의사결정을 할 때 직관력은 큰 역할을 한다. 앞을 쉽게 예측할 수 없는 일에 대한 의사결정에서는 불확정 요소나 앞뒤가 맞지 않는 상황이 빈번하기 때문에 단순한 이론에 의해서 의사결정을 하는 것은 불가능하다. 그런 의미에서 직관력이란 달리 표현하면 불확실한 시대를 뚫고 나가는 힘이라고 볼 수도 있다.

이제 이부진이 자주 경영에 응용하는 『논어』에 나오는 10가지 이야기를 여러분에게 알려 주려 한다. 이를 자신의 삶에 잘 적용해서 끝까지 이기는 삶을 살기 위한 필수 조건인 직관력을 기르기를 바란다.

일을 즐겨라

'知之者 不如好之者 好之者 不如樂之者
(지지자 불여호지자 호지자 불여낙지자)'

'도를 알기만 하는 사람은 좋아하는 사람만 못하고, 좋아하는 사람은 즐기는 사람만 못하다.'

공자는 아는 것에 대한 깨달음의 과정을 지지자知之者, 호지자好之者, 낙지자樂之者의 3단계로 구분한다. 1단계는 지지자로서 무엇을 아는 초보적인 단계에 있는 사람이다. 2단계는 호지자로서 하는 일을 좋아하는 사람이다. 3단계는 낙지자로서 하는 일을 즐기는 사람이다.

사람들은 보통 '즐길 수 있는 일을 하는 사람이 성공한다'라고 말한다. 하지만 그게 어디 쉬운가? 즐길 수 있는 일을 하면서 성공하는 건 정말 어려운 일이다. 확률이 낮다는 말이다. 나는 조금 더 확률이 높은 생각을 당신에게 권한다. 즐길 수 있는 일을 하는 게 아니라 당신이 지금 하고 있는 일을 즐기라는 것이다.

자기 능력과 적성에 맞는 일만을 찾아 나서는 것은 어리석은 일이다. 게다가 많은 사람들이 자기가 머릿속에서 꿈꾸고 원했던 일을 구체적인 준비도 없이 자신이 해야 하는 일과 동일시하거나 자기가 잘할 수 있는 일이라 믿는다. 한마디로 환상 속에 살고 있는 것이다. 능력이니 적성이니 하는 것들은 쉽게 나타나지 않는다. 먼저 당신이 하고 싶은 관련 분야의 지식을 완전하게 갖춘 뒤 실제로 일을 경험해 보기 전까지는 그 일이 당신과 맞는지 아닌지 절대 알 수 없다.

이것은 나만의 주장이 아니다. 미국 백만장자들의 경우를 살펴보자. 즐길 수 있는 일을 해야 성공한다면 그들은 모두 처음부터 자기 적성에 맞고 즐길 수 있는 일을 선택했어야 맞다. 하지만 그런 일은 천재들에게나 일어난다. 놀랍게도 백만장자들이 일을 택하게 된 동기는 그저 우연한 기회(29%), 시행착오(27%), 예전 직업과의 관련성(12%), 이전 고용주가 놓친 기회(7%) 때문이다. 쉽게 받아들이지는 못하겠지만 그냥 어쩌다 하게 된 일이 출발점이 되어 돈을 벌게 되었다는 뜻이다.

백만장자들은 '어떻게 하다 보니까 하게 된 일'에서 기회를 포착하고 그 일을 사랑하고 즐김으로써 '능력과 적성을 한껏 발휘할 수 있는 일'로 바꾸어 버렸던 것이다. 그래서 어떤 이들은 어쩌다 하게 되는 일을 조심하라고 말한다. 그게 당신의 평생의 일이 될 가능성이 많기 때문이다.

무슨 일이든 즐기면서 하는 일은 능률이 오를

수밖에 없다. 스포츠 역시 마찬가지고 직장에서 일을 할 때도 마찬가지다. 상사의 명령이라 어쩔 수 없이 만드는 보고서는 그 내용과 콘셉트가 좋을 리가 없다. 그건 자신의 발전을 가로막는다. 발전이 없으므로 새로운 가능성을 찾아내는 것도 힘들어진다. 하지만 좋아하는 것을 즐기면서 한다면 의욕이 넘치게 돼서 먹고 자는 기본적인 욕구를 잊고 일에 몰두할 수 있게 된다.

'나도 즐기면서 일을 할 수 있다고?'

한번 오늘 당장 테스트해 보라. 만약 당신이 오전 11시 30분이 되자 '오늘 점심은 뭘 먹지?'라는 생각을 했다면 일을 즐기고 있는 상황이 아닐 가능성이 높다. 일을 즐기는 사람의 두뇌는 먹고 자는 게 아닌 오로지 일에만 집중되어 있기 때문이다. 일이 즐거운데 다른 데 신경을 쓰겠는가?

사실 대부분의 사람들은 지금 하고 있는 일에 애정을 갖지 못하고 있다. 이럴 땐 자신의 능력을 향상시키기 위해 억지로라도 애정을 가져야 한다.

그렇게 애정을 가지면 잠시라도 먹고 자는 것을 잊고 일에 열중하게 되고 성과를 얻을 수 있다. 그리고 그 성과에 기분이 좋아져 정말 일에 대한 진짜 애정이 생길 가능성이 높아진다. 그래서 의식적으로 지금 하고 있는 일에 대한 애정을 자신에게 심어 주는 것도 좋은 방법이다.

무엇을 하든지 즐기면서 한다는 것은 경쟁자에겐 위기의식이 들게 만든다. 어떤 난관을 만나도 절대 포기할 줄 모르기 때문이다. 포기 대신 어떻게든 난관을 헤쳐나가 극복할 수 있는 방법을 찾아내고야 말기 때문이다.

그 대표적인 예가 바로 이부진이다. 이부진은 아동학과를 졸업했다. 지금 하고 있는 일과 전혀 상관이 없는 전공이다. 하지만 이건희는 이부진에게 호텔신라 일을 시작하라고 지시했다. 이때 이부진이 "저는 이 일이 적성에 안 맞을 것 같아요. 아이들 가르치는 일 같은 건 없을까요?"라고 말했다면 지금의 이부진이 있었을까? 이부진은 일단 일을 맡았다. 그리고 하나에 집중했다. 그게 바로 '일을 즐기면서 내가 맡은 호텔신라에서 단기간에 혁신적인 성과를 올리겠다.'는 다짐이다. 이런 정신자세는 무슨 일을 하든지 중요하다. 호텔신라 일을 처음 할 때 가졌던 그 마음이 지금 한국 최고의 CEO 이부진을 만든 것이기 때문이다.

"세 번은 질리고 다섯 번은 하기 싫고 일곱 번은 짜증이 나는데 아홉 번은 재가 잡힌다."

재가 잡힌다는 말은 일에 리듬이 생겨 묘미가 생긴다는 뜻이다. 즉 '피곤을 가져오는 노동'이 아니고 '재미를 느끼게 되는 단계인 일'이 되게 된다는 말이다. 그저 늙기 위해 하루하루를 살아가는 인생으로 살고 싶은가, 아니면 '해냈어'라는 말을 자주 외치는 열정적인 인생을 살고 싶은가? 답이 정해졌다면 지금 하고 있는 일에 대한 애정을 가져라. 그게 바로 젊은 그대가 가질 수 있는 정신이다.

상생할 수 있는
환경을 만들어라

'子釣而不網 不射宿 (자조이불망 불사숙)'

'공자는 낚시질은 했으나 그물질은 하지 않았고 주살로 새둥지에 있는 새를 쏘지 않았다.'

주살을 사용해서 새를 잡는 것은 괜찮지만 새둥지에 있는 새끼까지 잡는 것은 좋지 않다는 말이다. 주살은 활의 일종이다. 그래서 한 번에 한 마리 이상을 쏘기 힘들다. 결국 공자의 이 말은 힘이 세다고 더 많은 것을 한 번에 가져가려고 하지 말고 함께 살아가는 세상을 만들자는 것이다.

지금 시대의 대기업을 예로 들자면, 막대한 자본을 무기로 어렵게 하루하루를 살고 있는 사람들의 터전까지 빼앗으면 안 된다는 것이다. 욕심이 지나치면 화를 부르게 된다. 물론 지금은 누구의 여유를 봐줄 수 없는 치열한 경쟁사회다. 1등을 하고 있는 기업도 2등 기업에 추월을 당하지 않기 위해 밤낮을 가리지 않고 성장에 대한 연구를 하고 있다. 하지만 그 노력이 서로를 위한 발전이 돼야지 '나는 성장하고 너는 망해야 한다'는 논리로 이어지면 곤란하다. '나만 좋으면 된다'는 사고방식은 위험한 생각이다. 함께 살 수 있는 건전한 의미의 성장을 하는 데 부정적인 영향을 미치기 때문이다.

상생이란 멀리에 있는 것이 아니다. 인터넷을 통해 다음의 이야기를 읽은 적이 있다. 이 이야기를 통해 상생의 의미를 짚어 보길 바란다.

평범한 회사 생활을 하는 30대 회사원인 나는 용인 지역에서 일하고 있다. 어느 날 서울 역삼역 근처 본사에 가야 할 일이 생겼다. 용인에 있을 때는 자가용을 이용하여 출퇴근을 하는데 막상 서울을 가려고 하니까 차도 막힐 것 같고 지하철을 타자니 너무 답답할 것 같았다. 오랜만에 버스를 타고 가기로 마음먹고 버스를 기다렸다. 서울로 가는 버스는 분당에 많이 있길래 신갈에서 오리역까지 완행으로 운행되고 있는 버스를 탔다. 몇 정거장이 지나 구성쯤 도착해서 막 출발을 하려고 할 때의 일이다. 한 할아버지가 양손 가득히 짐을 들고 버스를 간신히 탔다. 한눈에 보기에도 당신의 아들이나 딸에게 주려고 시골에서 가져온 먹을거리처럼 보였다. 노인을 태우고 버스가 한 10미터 정도 전진했을까? 갑자기 버스가 급정거를 했다. 놀란 사람들이 일제히 앞을 쳐다보았다. 할아버지가 차비를 내지 못하고 있었던 것이다. 기사는 차비가 없으면 당장 내리라고 종용하고 있었다. 할아버지는 어쩔 줄 몰라 하며 한 번만 태워 달라고 애원하고 있었다. 마음속에서는 운전기사에게 어르신한테 너무 한다고 말하고 싶었지만 차마 그 말이 입에서 떨어지지 않았다. 그 순간 초등학생으로 보이는 여자아이가 앞으로 성큼성큼 걸어갔다. 아이는 가방을 바닥에 내려놓고 무릎을 꿇고 앉아 가방 여기저기를 뒤지기 시작했다. 그렇게 찾은 지갑을 들더니 기사아저씨한테 버스가 울릴 정도로 쩌렁쩌렁하게 말했다.

"할아버지잖아요! 아저씨, 앞으로는 이렇게 불쌍하신 분들 타시면 공짜로 10번 태워 주세요."

그러고는 만 원짜리를 요금통에 넣는 것이었다. 순간 정신이 혼미해지는 것을 느꼈다. 감동 이상의 그 무엇이 내 몸을 스치고 지나갔다. 나를 비롯한 모든 승객이 아이의 행동에 감동을 받고 있던 순간 그 아이는 할아버지를 자기가 앉아 있던 자리에 모시고 가 마무리까지 완벽하게 끝냈다.

나는 이 이야기를 읽으면서 요즘 굉장히 이슈가 되고 있는 상생에 대한 생각을 했다. 상생이란 큰 범주에 속하는 일로, 나와 상관없는 일이라 생각될 수 있다. 하지만 그걸 우리네 삶에 대비해 보면 바로 이 이야기와 같다. 나보다 상황이 안 좋아 보이는 사람을 도와 같이 버스를 타고 갈 수 있도록 도움을 주는 일이 바로 상생이다. 혼자만 타고 목적지로 가지 말고 가고 싶은 의지가 있는 사람이라면 함께 갈 수 있도록 돕는 것이다.

하지만 상생은 쉬운 게 아니다. 당신이 저런 상황이라면 저 아이처럼 선뜻 할아버지를 도울 수 있었겠는가? 아마도 '누군가 나서서 돕겠지. 나까지 나설 필요가 있겠어?'라고 생각하며 그냥 자리에 앉아 창밖만 바라보았을 것이다. 우리 자신이 대기업에 상생을 하라고 외치지만 정작 우리 자신도 생활 속에서 상생을 하지 못하고 있다.

더구나 대기업은 상생경영을 펼치는 게 어렵다. 일반 개인이 하는 것보다 많은 출혈을 감내해야 하고 노력이 요구되기 때문이다. 하지만 나는 이부진이 그간 보였던 많은 사례를 보면서 그녀에게 가능성이 있다고 생각했다. 겸손과 남을 위하는 마음을 가지고 있기 때문이다. 우리도 그녀처럼 할 수 있다. 함께 살아가야 한다는 마음만 가지고 있다면 가능하다. 지금 생활 속에서 실천해 보자.

나보다
주변을 먼저 생각하자

'己欲立而立人 己欲遠而達人 (기욕립이립인 기욕원이달인)'

'내가 서고자 할 때 남을 서게 하고 내가 도달하고자 할 때 남을 도달하게 하는 것이다.'

내가 경영컨설팅을 하고 있는 탄탄한 중소기업이 하나 있다. 지금은 업계에서 잘 나가는 회사지만 IMF 시절에는 위기에 처했었다. 그 시절 모든 회사가 그랬듯 이 회사도 심각한 수준의 경영난에 부딪혔다. 모두가 어려운 상황이니 별 다른 조언을 하기 힘들었다. 직원의 수를 줄이고 과감하게 월급을 삭감하라는 등의 일반적인 조언만 해 줄 뿐이었다. 당시 나는 아마 컨설턴트 할아버지가 와도 그런 조언을 했을 것이라고 생각했다. 하지만 사장은 내 말을 듣지 않았다. 오히려 내 조언과는 반대로 경영을 했다. 직원의 월급을 10% 이상 올린 것이다. 월급 대폭 삭감 혹은 퇴직을 걱정하고 있던 직원들은 사장의 조치에 당황하기까지했다. 곳곳에서 '사장이 미친 게 아닐까.'라는 소리도 들려왔다. 그러자 사장은 이렇게 말했다.

"여러분도 아시겠지만 지금은 모든 회사가 어려운 시기고 우리 회사 역시 마찬가지입니다. 저 혼자만 살겠다고 직원을 정리하고 내 배만 불릴 수도 있겠지만 저는 여러분을 믿습니다. 여러분이 주인공입니다. 이 고비를 넘겨 주실 거라 믿습니다. 그 믿음으로 월급을 인상했습니다."

이런 사장의 연설과 행동에 감동을 하지 않을

사람이 어디 있겠는가? 그 후 직원들은 야근을 불사하면서 일에 몰입했다. 점심을 먹는 시간까지 아끼겠다고 출근할 때 미리 샌드위치나 김밥을 사들고 와서 일을 하면서 식사를 때우기까지 했다. 결국 사람이 모든 것을 바꾸는 것이다. 이 회사는 그렇게 위기를 극복하고 더 건실한 중소기업으로 성장할 수 있었다.

만약 사장이 자신의 안위만을 생각했다면 월급인상이라는 결정을 하지 못했을 것이다. 나를 챙기고자 할 때 직원을 생각했던 사장의 생각이 위기를 넘어갈 수 있게 만든 것이다.

올해 하반기에 삼성생명빌딩 지하에 1,600석 규모의 직원식당이 오픈하게 된다. 태평로 일대에 입주해 있는 삼성 계열사 직원들이 이용하는 기존 직원식당이 노후했다는 판단에서다. 새 직원식당은 삼성에버랜드 경영전략담당 사장을 겸직하고 있는 이부진이 주도하고 있다. 삼성이 새 공제회관을 만드는 것은 태평로 일대에 입주하는 계열사들이 늘어난 데 비해 직원식당 규모가 작다는 판단 때문이다.

삼성전자 등이 서초 사옥으로 빠져나가면서 태평로 사옥에는 증권, 카드, 에버랜드 등이 차례로 들어왔다. 바로 옆 삼성생명 빌딩에 근무하는 직원을 합하면 현재 태평로 일대에 근무하는 삼성 계열사 직원은 1만 5,000명가량에 이른다. 1,000석 규모의 제1공제회관 식당만으로는 소화하기 힘들 정도로 직원 수가 늘었다. 늘어난 직원 수에 비해 기존 식당 규모가 작은 데다 이마저도 걸어서 3분 거리에 있어 불편하기에 때문에 직원식당을 짓게 되었다.

중요한 건 당초 삼성 내부에서는 이 공간을 상가로 분양하는 방안을 검토했으나 이부진이 직원식당을 짓자고 제안해 용도를 바꿨다는 사실이다. 이부진이 나서지 않았다면 이 공간은 돈을 소비하는 직원식당이 아니라 돈을 버는 상가가 될 수 있었다. 하지만 이부진은 "기존 식당이 걸어서 3분

거리밖에 안 된다고는 하지만 직원들이 손쉽게 접근하고 좋은 식사를 하도록 인프라를 갖춰야 한다."고 말했다. 지속적으로 수입이 될 수 있는 사업을 접고 함께 일하는 직원들의 복지를 최우선으로 해야 한다는 이부진의 경영방식이 잘 드러나는 사업이라고 볼 수 있다.

다른 사람에게
책임을 돌리지 마라

'已矣乎 吾未見能見其過 而內自訟者也 (이의호 오미견능견기과 이내자송자야)'

'모든 것이 끝났다. 나는 아직까지 자기의 잘못을 보고 스스로 마음속으로 자책할 수 있는 사람을 보지 못했다.'

세상에는 자신이 잘못한 일임에도 불구하고 핑계를 대면서 남에게 책임을 전가하려는 사람들이 많다. 이런 행위가 안 좋은 건 남에게 책임을 전가

하는 데 그치는 게 아니라 책임을 전가하는 그 행위로 인해 자신의 잘못을 반성하는 계기를 가질 수 없기 때문이다. 그것이 자신에게 가장 큰 손실이다. 누구나 실수를 할 수 있다. 하지만 중요한 것은 그것을 겸허하게 받아들이고 진심으로 반성한 후에 또다시 같은 실수를 하지 않도록 주의하는 것이다. 하지만 다른 사람에게 책임을 돌리는 이들은 평생 이런 과정을 경험하지 못하게 된다. 그래서 결국 모든 것을 남의 탓으로 돌리는 안 좋은 습관이 몸에 쌓이게 된다. 가장 비근한 예는 바로 이것이다.

"나만 이런가? 에이, 남들도 다 그러고 사는데, 뭘."

지난 2009년에 핀란드에 살고 있는 친구를 방문한 적이 있었다. 그냥 관광 목적으로 갔던 일정이었는데 나는 거기에서 문화적으로 큰 충격을 받았다. 핀란드에 살고 있는 친구는 공부를 하면서 공장에서 아르바이트 형식으로 일을 하고 있었다.

그런데 하루는 친구가 몸이 아파서 3일 동안 공장에 못 나가게 되었다. 그런데 놀랍게도 그 주 주급이 지난 주보다 더 많이 나왔다. 내가 의아한 표정을 짓자 친구는 이렇게 말했다.

"뭘 그렇게 놀란 표정이야? 병원비와 위로금으로 돈이 더 나온 거잖아."

한국 문화에 길들어져 있는 나는 바로 이런 말이 입 밖으로 튀어 나왔다.

"이게 말이 되는 상황이니? 그럼 누가 나와서 일을 하겠어. 아프면 더 많은 돈을 받을 수 있는데. 너, 계속 나가지 마라."

그러자 친구는 나를 이해하지 못하겠다는 듯이 이렇게 대답했다.

"내가 왜 그런 짓을 해야 하지?"

순간 망치로 머리를 맞은 것처럼 멍해졌다. 나는 이것을 문화의 차이가 아니라 생각의 수준 차이라고 생각한다. 문화가 그렇다는 것은 핑계에 불과하다. 핀란드는 핀란드대로 한국은 한국대로 그

나라에 살고 있는 사람들의 수준이 그 정도니 그 정도의 대우를 받는 것이다. 우리나라 국민들은 복지를 늘려야 한다고 주장한다. 하지만 우리나라 사람들에게도 핀란드처럼 아프면 위로금과 병원비를 더 주는 제도를 만들면 아마 나라 재정이 금방 부실하게 될 것이다. 그런 제도를 요구하기 이전에 제도를 받아들일 수 있는 수준을 갖춰야 한다.

지금 우리나라 정형외과에 입원해 있는 환자 중 절반 이상은 아프지 않으면서 보험료를 타기 위해 누워 있는 거짓 환자들이다. 교통사고를 당하면 일단 병원에 가서 평소에는 엄두를 못 내던 검사를 다 받고 일단 병원에 좀 입원하는 게 일반적인 과정이다. 그렇게 하지 않으면 바보 소리를 듣는다.

핀란드 사람들은 묻는다.

"왜 아프지 않은데 입원을 하죠?"

그럼 한국 사람들은 이렇게 대답할 것이다.

"나만 이런가? 에이, 남들도 다 그러고 사는데,

뭘."

　제도가 먼저 갖춰지기를 바라는 건 욕심이다. 수준이 갖춰지면 제도가 뒤따라 온다. 그게 순서다. 다른 사람도 그렇게 산다고 당연히 생각하지 말라는 이야기다. 당신이 변하면 당신 주변의 환경이 변하고 세상도 변한다. 모든 탓을 남에게 돌리는 습관을 버리고 아주 작은 실수라도 먼저 나서서 "내 잘못이에요."라고 말하는 습관을 갖도록 노력하자.

함께 일하고 싶은
진짜 리더가 되는 법

'唯仁者 能好人 能惡人 (유인자 능호인 능오인)'

'인자만이 참되게 사람을 사랑할 줄도 알고 미워할 줄도 안다.'

공자가 늘 사랑만 강조했던 것은 아니다. 그는 사람이 비난받아 마땅한 방향으로 갈 때는 인정사정 보지 말고 그 사람을 질책해야 한다고 강조했다. 옳지 않은 방향으로 가는 사람에게는 질책을 하는 게 진정한 사랑이기 때문이다. 하지만 이건 어려운 일이다. 함께 웃으며 사랑을 전했던 사람에게 화를 내고 질책을 하기 위해 안색을 바꾸고 증오하는 것 같은 마음을 갖는 건 쉽지 않은 일이다. 하지만 이부진은 이런 공자의 가르침을 확실하게 실천하고 있다.

이부진과 함께 일을 했던 사람들은 이부진의 양면을 보게 된다. 하나는 뭐든 받아줄 것 같은 부드러운 면이고 다른 하나는 눈물을 흘리게 만들 정도로 무섭게 야단치는 면이다. 이부진은 태생적으로는 온화한 성격을 가져서 일반적인 상황에는 부드러움을 유지하지만 업무에 있어 실수를 저지르거나 특히 열정을 잃은 직원을 볼 땐 무섭게 야단친다. 하지만 그럼에도 불구하고 직원들은 앞으로도 계속 그녀와 함께 일하기를 원한다. 그 이유는 바로 공평하기 때문이다. 야단을 쳐야 할 땐 야단을 치지만, 편파적이지 않다. 또한 칭찬할 만한 일을 할 경우엔 누구보다도 부드러운 얼굴로 직원을 진심으로 칭찬하는 것을 잊지 않는다. 남이 잘못된 방향으로 이동할 때 그것에 대해 지적할 수 있는 것은 상대에게 애정이 있기 때문이다.

이부진은 진심을 가지고 사람을 대한다. 어떤 일을 하든 진심이 느껴진다. 그래서 더욱 직원들에게 감동을 준다. 오너의 딸에, 능력까지 월등하면 흔히 '차도녀' 이미지를 떠올리기 쉽지만 이부진은 의외로 소탈한 면이 있다. 경영 판단, 업무 처리에는 진지하고 냉정하지만 일을 떠나서는 임직원들과 수평적 대화를 즐기고 친구처럼 스스럼없이 어울린다. 직원들과 삼겹살에 소주를 곁들여 식사를 하기도 하고 노래방에도 종종 함께 간다. 추운 겨울 밖에서 일하는 도어맨과 환경미화원들에게 내복과 한약을 선물하고 대부분 주부 사원인 룸 메이드들에게도 내복을 선물하기도 한다. 이건 기본적으로 상대를 생각하는 진심이 없다면 불가능한 일이다.

호텔신라 직원들은 이부진에 대해 이런 평가를

하고 있다.

'회사에 명확한 경영 비전을 제시해 희망을 주고 있다.'

'상을 당한 직원을 안아 주며 함께 눈물 흘리는 모습을 보고 인간적인 신뢰를 느꼈다.'

'겸손하고 상대의 말을 경청하는 태도가 인상적이다.'

이 평가를 하나하나 읽어 보면 이부진은 완벽한 리더라고 할 수 있다. 일단 기본적으로 직원들을 대할 때 진심을 가지고 있다. 직원들에게 비전을 제시해 주고 그 비전에 동참하지 않거나 열정이 식은 직원들에게는 따끔한 질책을 가한다. 하지만 가정에서 안 좋은 일이 있는 직원이 있을 땐 누구보다도 따뜻한 가슴으로 안아 준다. 직원들의 모든 이야기를 경청할 줄도 안다.

이쯤 되니 왜 이부진이 여성들이 함께 일을 하고 싶은 CEO 중 단연 1등인지 알 수 있을 것 같다. 리더의 임무는 결국 사람을 키우는 일이다. 함께 일하는 사람의 모든 잠재력을 이끌어 내서 자신보다 더 완벽한 리더로 키우는 게 리더의 임무다. 많은 여성들이 이부진과 함께 일을 하고 싶은 이유가 바로 여기에 있다. 그녀와 함께 일을 하면서 자신도 장기적으로 리더로 클 수 있을 거라는 믿음을 갖기 때문이다.

현명하게
세속적으로 살아라

'士不可以不弘毅 (사불가이불홍의)'

'선비는 반드시 뜻이 넓고 굳세어야 한다.'

여기서 핵심은 리더란 '폭넓은 지식과 강한 의지를 함께 가지고 있어야 한다'는 것이다. 하나만 있고 다른 하나가 없으면 그것 또한 곤란한 일이다. 강한 의지가 있지만 폭넓은 지식이 부족한 사람은 독단적으로 일을 처리할 가능성이 높아진다. 그렇게 되면 부하직원들이 아무리 좋은 의견을 제시해도 절대로 들으려고 하지 않게 될 것이다. 아니, 오히려 화를 내며 부하직원을 무시하게 될 수도 있다. 반대로 폭넓은 지식은 있지만 의지가 약한 사람들은 우유부단하다는 단점이 있다. 넓은 지식을 통해 하나의 사건을 다양한 각도로 바라보는 식견을 보일 수 있지만 의지가 부족하기 때문에 자신의 뜻을 실천에 옮기지 못하고 우왕좌왕하게 된다. 그래서 2가지 중에 어느 한쪽만 가지고 있는 사람은 능력 있는 리더라고 보기 힘들다.

주변의 이야기에 귀를 기울일 수 있는 폭넓은 지식과 어떤 어려운 상황에서도 최선의 결정을 내리고 실천할 수 있는 강력한 의지를 동시에 가져야만 위대한 리더가 될 수 있다. 이부진을 완벽한 리더로 만들기 위해 이건희가 이부진에게 늘 주지시키는 6가지 행동 지침이 있다.

- 부자처럼 생각하고 부자처럼 행동하라. 그러면 나도 모르는 사이에 부자가 되어 있다.

- 남의 잘됨을 축복하라. 그 축복이 메아리처럼 나를 향해 돌아온다.
- 힘들어도 웃어라. 절대자도 웃는 사람을 좋아한다.
- 자신감을 높여라. 기가 살아야 운이 산다.
- 있을 때 겸손하라. 그러나 없을 때는 당당하라.
- 한 발만 앞서라. 모든 승부는 한 발자국 차이다.

하나하나 살펴보면 모두 다 옳은 말이다. 하지만 사실 옳은 이야기는 듣고 실천하는 게 어렵다. 그래서 이건희는 이렇게 행동지침을 만들어 이부진에게 자주 언급하면서 습관이 될 수 있게 한 것이다.

단지 부자로만 사는 것은 좋은 일이 아니다. 겸손해야 하고 좋은 사람이 돼야 한다. 그렇게 모든 것이 겸비된 사람이 돼야 한다. 하지만 세상에는 이기심을 충족하기 위해서 돈을 벌고 높은 자리에 오르려고 하는 사람들로 가득하다. 겉으로 보기에 그런 사람들은 굉장히 강한 사람처럼 보인다. 하지만 내면을 들여다보면 정신적으로 굉장히 나약하다는 것을 알 수 있다.

그들이 정신적으로 나약하다는 것은 삶이 증명한다. 그들은 돈으로 자신을 치장하고 권력의 힘을 이용해서 모든 것을 자신의 뜻대로 움직이게 만드는 것을 즐긴다. 하지만 우리는 그런 그들이 사소한 사건에 휘말려 하루 아침에 몰락해 버리는 광경을 자주 목격해 왔다. 이는 그들의 정신이 나약하기 때문에 일어나는 결과다. 하지만 이부진처럼 정신적으로 강한 사람은 다르다. 분명 세속적인 면도 있지만 현명하기 때문에 재산과 권력의 유무를 떠나 많은 사람의 존경을 받고 자신의 꿈을 펼치며 살아가는 것이다.

눈앞의 욕심에 현혹당하지 마라

'見小利則大事不成 (견소이칙대사불성)'

'작은 이득을 얻으려고 하면 큰일을 이루지 못한다.'

이 부분에서 보통 여성과 이부진의 그릇의 차이가 가장 확연하게 드러난다. 모든 여성들이 그렇지는 않지만, 내가 만난 상당수의 여성들은 눈앞에 아주 작은 욕심에 사로잡혀서 큰일을 이루지 못했다.

나는 가끔 미혼의 여성들에게 결혼 문제로 상담을 의뢰받기도 하는데 결국 그들이 이야기하는 문제란 정말 간단하다. 짧게 요약하자면 이렇다.

"한 달 전에 남자를 만나게 되었어요. 이제 3번 만났으니 사랑은 아직 잘 모르겠고, 대신 대기업에 근무하고 작은 집도 하나 있더라고요. 어쩌죠? 결혼해도 될까요?"

이게 가장 대표적으로 여자들이 눈앞에 이득에 빠지게 되는 경우다. 겨우 한 달 동안 3번밖에 만나지 않았고 사랑하지도 않는데 남자가 대기업에 다니고 작은 집도 하나 있으니 '이 정도면 결혼해도 되겠지.'라는 생각을 하는 건 위험한 일이다. 눈앞의 작은 이익을 생각하다가 평생을 불행에 빠져 살아갈 수도 있다. 그럴 가능성이 굉장히 높다. 눈앞에 보이는 욕심에 사로잡혀 결혼했다가 언젠가 정말 자신이 원하는 이상형이 나타나게 되면 그제야 자신의 선택이 너무나 성급했고 어리석었음을 깨닫곤 후회하게 될 것이다.

다른 건 모르겠지만 결혼은 정말 중요하다. 집안이 안정이 돼야 밖에 나가서 마음대로 일을 할 수 있기 때문이다. 그래서 결혼을 하든 연애를 하든 정말 진심으로 사랑하는 사람과 해야 한다.

이부진은 세계적인 대기업 삼성가의 딸이지만 다른 대기업 3세가 그랬듯 이익이 되는 상대를 골라 결혼하는 정략결혼을 하지 않았다. 스스로 자신이 원하는 남자를 선택했고 자신의 의견을 끈질기게 주장해서 결혼에 성공했다. 그 결과 많은 대기업의 3세들이 결혼과 이혼을 반복하지만 이부진은 여전히 행복하고 잘 살고 있다. 게다가 아들을 낳은 이후엔 더욱더 활기차게 경영에 몰입하게 되었다.

아마 사랑하지 않는 사람과 눈앞의 이익에 눈이 멀어 정략결혼을 했다면 아이를 낳아도 사랑스럽지 않았을 것이고 지금처럼 경영에서 혁신적인 성과를 올리는 것도 불가능했을 것이다. 모두 그녀가 눈앞에 있는 당장의 이익에 눈이 멀지 않고, 자신을 위해 더 큰 뜻을 펼쳤기 때문에 가능했던 일이다.

내 메뉴는 내가 고르자

 '涅而不緇 (열이불치)'
'물들여도 검어지지 않는다.'

"이거 먹을까?"
"아니 이게 어때?"
"어? 그래. 그럼 그거 먹을까? 뭘 먹는 게 좋을까?"

많은 여자들이 식당에 들어가면 뭘 먹을지에 대한 고민에 빠진다. 나는 남들의 의견에 상관없이 자신의 메뉴는 자신이 선택하는 습관을 가지라고 말하고 싶다. 우습게 들릴지도 모르겠지만 이런 사소한 것들이 바로 변화의 시작일 수 있다.

'물들여도 검어지지 않는다'라는 일종의 비유적인 표현은 인간의 신념에 대한 공자의 생각이 잘 나타나 있다. 신념이 강한 사람은 남이 무슨 말을 하든 결코 남의 의견에 좌우되어 자신의 의견을 쉽게 바꾸지 않는다. 남의 의견에 따라 자신의 신념을 계속 바꾸는 사람은 결국 자신의 삶을 제대로 살아갈 가능성이 낮아진다.

회사에서도 마찬가지다. 어떤 상황이라도 자신이 옳다고 생각한 것은 그대로 주장해야 한다. 자신의 철학을 가지고 자신의 생각을 확실하게 말할 수 없다면 출세는 기대하기 힘들다. 그런 사람들은 결국 자신이 하는 일에 흥미를 잃어버리고 말기 때문이다.

대기업에 다니는 지인 중에 최근 회사에서 몇 안 되는 여성 임원으로 승진한 사람이 있다. 선배

밑에는 팀장이 10명 가까이 있었는데 팀장들의 의견을 존중하는 것이 팀을 잘 이끄는 비결이라고 믿고 있었다. 그래서 다수결의 원칙이 적용된 회의 결과를 놓고도 참석자 전원에게 다시 한 번 의견을 묻는 형식을 취했다. 하지만 그게 문제였다. 선배가 주재하는 회의의 참석자는 대부분 남자들이었기 때문이다.

아직 이게 왜 문제인지 이해가 가지 않는가? 내가 아는 선배는 그들 못지않게 명석한 두뇌를 가지고 있고 공부도 많이 했지만 남자들의 언어습관에 대해서는 문외한이었다. 일반적인 여성들은 사람들과 이야기를 할 때 상대방의 의견을 묻는 게 서로를 위해 좋은 일이라 생각하는데 남자는 그렇게 생각하지 않는다. 남자 참석자들은 선배의 사족에 대해서 이렇게 생각했다.

'자기가 결정할 능력이 없으니까 우리한테 도움을 구하는 거 아냐?'

결국 선배는 남자 팀장들 사이에서 무시를 당

했다. 논쟁보다 조화를 중요하게 생각하는 여성들은 사소한 일도 자기 마음대로 결정하는 것을 두려워한다. 그게 순리라고 생각하는 게 아니라 그걸 두려워하는 게 문제다. 그래서 여러 사람의 의견을 참고해 결정했다는 느낌을 주려고 의례적으로 참고하지도 않을 의견을 묻는다. 하지만 직장에서는 지위가 높아질수록 순간순간 중요한 결정을 스스로 내려야 하고 매 순간 옳은지에 대해서도 신중하게 판단해야 한다. 독단적인 결정도 문제가 되지만 결정을 할 때마다 부하직원에게 의견을 구하는 것은 리더로서 자질이 부족하다는 것을 인정하는 꼴이 된다.

자신이 먹을 걸 왜 남에게 의견을 구하는가? 직장에서 리더십을 제대로 발휘하려면 지시하면서 관습적으로 남의 의견을 구하는 습관을 버려야 한다. 혼자 결정 내리는 데 확신이 없다면 차라리 이렇게 말하자.

"마지막 결정은 제가 내리는 게 마땅합니다. 그

래도 제가 여러분의 의견을 알고 있으면 많은 참고가 될 것 같습니다."

그들의 의견은 참고사항일 뿐이라고 분명하게 못을 박는 습관을 길러야 한다.

하나의 의견에 치우치지 마라

'中庸之爲德 也其至矣乎 民鮮久矣 (중용지위덕야 기지의호 민선구의)'

'중용의 덕은 더없이 좋은 것이다. 그런데 사람들이 이를 소홀히 한 지 너무나 오래되었다.'

나는 극단적인 신념을 가지고 있는 사람들을 위험하게 생각한다. 극단적인 신념으로 살아가고 있는 사람들의 예를 들어 보자. 미국의 윌슨(Wilson, Thomas Woodrow) 대통령은 '세상의 민

주주의를 안정시키기 위하여' 제1차 세계대전의 현장으로 미국을 끌고 들어갔다. 미군들은 자신이 폭군에 대항하여 싸운다는 신념을 가지고 전쟁터로 뛰어들었다. 그 결과 수 천명의 미군들이 아르곤의 숲에서 전사했다. 또한 독일의 청년들 역시 조국에 대한 이상주의적 용감성과 충성심에 대한 깊은 신념 때문에 전쟁터에서 죽었다. 한 세기가 지난 지금 생각해 보면 이러한 전쟁은 아무런 의미도 없어 보인다. 도대체 독일의 청년들이 빌헬름 2세(Wilhelm II)의 정치적인 야망 때문에 죽어야 할 이유가 무엇인가. 억울하기는 미국의 젊은이들 역시 마찬가지다. 문제는 신념이다. 결국 이들이 의미없이 죽음을 맞이한 이유는 그들이 가지고 있는 신념이 지나치게 극단적으로 치우쳤기 때문이라고 볼 수 있다.

중용이란 극단이 아니라 균형을 유지하는 것이다. 어느 하나가 이 세상의 모든 것을 대변할 순 없다. 물론 신념을 가지고 있는 게 나쁜 것은 아니다. 문제는 그 신념이 극단으로 달리는 것이다. 균형을 잡는 게 필요하다.

정신의 균형을 잡는 것은 굉장히 중요한 일이다. 한 소년의 이야기를 소개하겠다. 열세 살된 이 소년은 친구 3명과 함께 밤중에 초등학교로 몰래 숨어들어 교실에 걸려 있는 액자에서 루즈벨트 대통령 그림을 빼내어 갈기갈기 찢고 대신 스스로 그린 히틀러 그림을 액자에 넣었다. 이 사건은 제2차세계대전의 발발과 거의 때를 같이하여 일어난 일로 세상을 떠들썩하게 만들었다.

그 소년은 이해가 되지 않는 생각을 가지고 있는 사람이었지만 정말 잘못된 것은 소년의 행동이 아니라 소년의 편향된 사상이었다. 이 소년은 미국에 오기 2년 전까지 독일에서 생활을 했었는데 그때 히틀러 유겐트(나치스 독일 청소년단) 멤버로 완전하게 히틀러의 사상에 물들게 되었다. 잘못된 사상이 그 소년의 미래를 아예 망쳐 버린 것이다.

한쪽에만 속해 있거나 한쪽만 바라보면 당연

히 바라보는 게 모든 것처럼 느껴진다. 그렇게 되면 공존이라는 의미도 제대로 이해하지 못하게 된다. 반대쪽이 망하고 자신이 속하고 있는 쪽이 흥해서 모두 점령하는 것을 완벽한 공존이라고 생각하기 때문이다. 시야를 좀 넓힐 필요가 있다. 그리고 열린 마음을 가지고 모든 불가능해 보이는 것에 가능성을 부여하는 습관을 가지는 게 좋다. 그래야 더 많은 경험을 통해 깊고 넓게 사유할 수 있게 될 것이다.

정신분석학적으로 보면 막 태어난 아이에게는 어머니가 사랑의 대상이다. 어머니가 자신만을 사랑하고 있는 것이라 생각한다. 거기에서 만족을 느끼고 안정을 찾는다. 하지만 점점 자라면서 어머니의 사랑의 대상은 자기가 아니라 아버지라는 것을 느끼게 된다. 세계적인 심리학자인 지그문트 프로이트는 이때 아이가 느끼는 감정을 인간으로 경험하는 최초의 좌절이라고 말하고 있다. 아이가 오이디푸스 콤플렉스 기간을 거치면서 현실을 인지하게 된다는 것이다.

한쪽만 바라보며 그게 유일한 진실이라 생각하는 사람들은 바로 자신이 어머니의 유일한 사랑이라고 믿는 어린아이의 그것과 같다. 그게 사실이 아니라는 것을 알게 되는 오이디푸스 콤플렉스 기간을 거치지 않으면 영원히 진실을 알지 못한 채 자신만의 생각 안에서 살다 죽을 것이다. 그래서 나는 오이디푸스 콤플렉스 기간을 바로 경험을 하는 기간이라고 생각한다. 앞서 말했듯 인간은 경험을 통해 발전하고, 내가 생각하고 있는 게 전부가 아니라는 것을 실감하게 된다. 그게 사상의 편향에 빠지지 않도록 돕는다. 의견은 의견일 뿐이다. 세상에는 많은 다양한 의견이 있음을 잊지 말자.

당신이 맡은 일을 누구보다 민첩하고 끈기 있게 추진하라

'君子는 慾訥於言 而敏於行 (군자 욕눌어언 이민어행)'

'군자는 말은 어눌하되 행동은 민첩하고자 한다.'

1980년대 후반, 그리스의 작은 섬 미코노스. 인구라곤 몇 백 명이 전부인 이곳에 한 동양인이 화제가 되었다. 그는 하루도 빠지지 않고 섬 둘레를 달리는 것을 반복했다. 지중해의 따스한 햇살아래에서 유유자적하는 삶을 살고 있었던 주민들은 맹목적으로 달리기를 하는 그를 정면으로 응시하기도 했고 노인들은 대놓고 훈계를 하기도 했다. 하지만 말이 통하지 않자 하루는 영어를 할 줄 아는 젊은이를 통해서 그에게 대화를 시도했다.

"왜 달리는 겁니까?"

"달리기를 좋아해서요."

"별 다른 이유 없이 뛴다는 말이죠?"

"네. 별 일은 없습니다."

"그럼 어디까지 달릴 예정입니까?"

"슈퍼 파라다이스 비치까지요."

"계속 달릴 예정입니까?"

"네. 달리기를 좋아하니까요."

"대체 왜 해변까지 달려야 하는 겁니까?"

"달리기를 좋아한다니까요!"

이해되지 않는 대화의 주인공은 바로 무라카미 하루키다. 일본 출신의 세계적인 작가인 무라카미 하루키를 모르는 여성은 거의 없을 것이다. 그는 소설을 집필하기 위해 일본을 떠나 로마와 그리스 지역을 전전하며 글을 쓰는 것으로 유명하다.

그는 왜 이 낯선 땅에 와서 현지인들의 의아한 눈초리까지 받아가면서까지 달리기에 열중해야 했을까? 그가 처음부터 달리기를 즐겼던 것은 아니었다. 달리기를 시작한 나이는 서른셋. 그가 본격적으로 전업소설가의 길을 걷게 됐을 때와 맞물린다. 그는 아내에게 전업 작가를 하겠다는 선언을 하곤 젖 먹던 힘까지 짜내어 집필에 몰두했다. 하지만 그는 곧 소설을 쓴다는 게 재능만 가지고는 안 된다는 것을 알게 되었다. 세상을 뒤흔들 천부적인 재능이 없다면 자신에게 주어진 재능을 집약해서 쏟게 만들 도구가 필요했고 집중력과 지구력을 높이기 위해 그가 선택한 것이 바로 달리기였다.

사람들은 보통 그를 바라보며 분명 뛰어난 재능이 지금의 그를 만들었으리라 생각할 것이다. 가만히 앉아 있다가 문득 에피소드가 생각나면 단숨에 소설을 완성시키리라 생각할 수도 있을 것이다. 하지만 사실은 절대 그렇지 않았다. 그는 집중력과 지구력을 기르기 위해 마라톤으로 체력을 다지고 누구도 가지지 못한 살아 있는 경험을 가지기 위해 여행을 하고 음악을 사랑하고 다양한 문화를 즐기는 노력형 작가다.

이부진 역시 이거다 싶은 게 있으면 당장 실천하고 끈질기게 지속한다. 이부진은 지난 2010년 3월 호텔신라 지하 아케이드 내에 있던 '명품 위의 명품'으로 꼽히는 최상위 브랜드인 '에르메스 부티크'를 지상 1층으로 끌어올리려는 작업을 단행했다. 사실 말도 안 되는 행동이었다. 그래서 처음엔 거의 모든 임원들이 반대했다. 영빈관 등 고졸한 한옥건물과 호텔건물로 이뤄진 호텔신라는 오픈 이래 상업매장을 1층 전면에 배치한 사례가 없었기 때문이다. 더구나 최고의 브랜드인 에르메스 이미지에도 맞지 않는다는 의견이 많았다.

그 계획은 거의 모험에 가까운 수준이었다. 그

러나 이부진은 과감히 단행했다. 그리고 꾸준하게 자신의 생각을 밀어붙였다. 다른 사람이라면 지쳐서 포기할 만도 했다. 하지만 그녀는 포기하지 않고 달렸다. 얼마 지나지 않아 결과가 보이기 시작했다. 이부진의 시도는 대성공이었다. 현재 에르메스 호텔신라 부티크는 우아함을 한껏 뽐내며 호텔을 찾는 일본인 등 해외인사들과 국내 상류층 고객들에게 화제다. 매출도 지하에 있었던 때보다 2배 가까이 올랐다. 어떤 일을 추진할 때 재빠르게 실천하는 것도 중요하지만 동시에 그것을 끝까지 끈기 있게 유지하는 것도 중요하다. 이는 하루키와 이부진의 사례에서 잘 증명되고 있다.

chapter
4

이부진 패션 스타일 따라잡기

심플함과 절제의 미학

우리는 그동안 드라마를 통해 상류층이나 유명인사들의 럭셔리 패션을 엿보아 왔다. 그런데 실제 하이엔드 스타일은 어떨까?

최근 대한민국 상위 1%인 삼성가 여인들의 패션이 꽁꽁 감춰졌던 베일을 벗고 언론에 노출되면서 '럭셔리 패션=화려함'이라는 패러다임을 깨고 있다. 이들은 자신들의 리얼한 스타일을 통해 진정한 럭셔리 패션이란 '심플함과 절제의 미학'임을 여실히 보여 주고 있다.

소셜라이트(Socialite, 파티초청자 명단에 반드시 오르는 인사, 사교계 명사)로 혜성같이 등장한 삼성가 여인들은 이제 대중들의 패션에 영향력을 미치며 새로운 스타일 아이콘으로 떠오르고 있다. 그동안 주인공들의 과시적인 명품 차림 일색이었던 상류사회 배경 드라마에서도 이제는 블랙앤화이트의 심플하면서도 절제된 패션 스타일을 보여 주고 있는가 하면, 이부진과 이서현 스타일은 힐튼 자매 못지않은 스포트라이트를 받고 있다.

그중에서도 삼성가의 장녀인 호텔신라 이부진의 패션은 '차도녀 스타일'이자 '세련된 비즈니스 우먼룩'으로 주목받고 있다. 그녀의 패션은 전체적으로 단정하고 심플하며, 절제된 실루엣이 큰 특징으로 무릎길이의 스커트, 이너와 아우터의 톤온톤 매치나 디테일에 포인트를 준 모노톤 팬츠 슈트, 우아한 분위기를 주는 원피스 등 세련됨과 클래식함 그리고 단정함이 어우러진 스타일링이 주를 이룬다. 물론 무늬가 화려하거나 로고가 드러나는 옷은 피한다.

    컬러 면에서도 블랙앤화이트나 안정감 있는 브라운, 그리고 톤 다운된 그린 컬러의 의상을 선호한다. 특히 블랙앤화이트는 이부진을 비롯한 삼성가 여인들이 가장 선호하는 컬러 중 하나로 꼽힌다. 블랙은 권력과 권위를 상징하는 동시에 럭셔리하고 클래식함을 드러내는 컬러다. 차분하지만 에지 있는 위엄을 느낄 수 있도록 해 준다. 또한 화이트는 깨끗하면서도 우아한 느낌을 준다. 이 두 가지 컬러를 조합하여 스타일링 하는 경우, 블랙이 가진 에지 있는 세련됨과 화이트가 가진 여성스러운 부드러움과 섬세함을 모두 표현할 수 있다는 강점을 지닌다.

명품보다는 나만의 개성을
살릴 수 있는 것에 집중하라

여자에게 옷은 의미가 특별하다. 제 아무리 기분이 나쁜 일이 생겨도 그날 입은 옷이 맘에 들면 안 좋은 기분을 사라지게 만들 수도 있다. 또한 옷은 여자에게 자신감을 선물해 주기도 한다. 파티에 초대를 받았는데 그날따라 대충 입고 파티에 참석을 했다면 파티가 끝날 때까지 내내 움츠리고 기가 죽은 채로 구석에서만 배회하게 된다. 하지만 정말 잘 차려 입고 파티에 참석을 하면 모르는 사람에게까지 다가가 인사를 하면서 파티가 끝나는 시간까지 당당한 얼굴로 여기저기를 헤집고 다닐 것이다. 그처럼 옷은 여자에게 아주 특별한 의미다. 그래서 나는 강연을 할 때나 상담을 할 때 더욱더 여성들에게 이런 말을 자주 하고 다닌다.

"그녀처럼 입어라.

그녀처럼 보일 것이고

그녀처럼 될 것이다."

다이어트를 할 때 냉장고에 멋진 몸매를 가진 여자의 사진을 붙여 놓고 매일 냉장고를 열 때마다 '나도 저렇게 된다'고 자신에게 주문을 거는 것처럼 롤모델의 옷 입는 스타일을 따라 하는 것도 좋다. 롤모델처럼 입으면 그처럼 보일 것이고 그처럼 노력할 것이며 그걸 통해 그가 가진 능력을 당신도 언젠가 가지게 될 수 있을 것이기 때문이다.

최근 백화점에서는 이부진이 입었던 옷과 똑같은 상품이 있는지 문의하는 전화가 늘었다고 한다. 문제는 이부진이 입는 옷들은 매우 희귀한 브랜드여서 패션 전문가들도 문의에 답하지 못하고 있다는 것이다. 그처럼 이부진은 대중화된 명품 브랜드보다는 남들과 차별화된, 소위 '아는 사람만 아는' 명품을 선호하는 편이다.

이부진의 패션 감각과 취향은 어머니인 홍라희로부터 영향을 받았는데 해외 특정 명품보다는 유명 디자이너 혹은 삼성 계열사가 운영하고 있는 브랜드의 맞춤제품을 선택한다. 또한 맞춤제품 외에 해외 명품 브랜드를 구매할지라도 백화점보다는 분더샵, 10꼬르소꼬모 등의 명품 편집숍을 이용하고 있다. 때문에 이부진이 입는 의상들 대부분이 브랜드를 확인할 수 없거나 생소한 경우가 많다. 아울러 대중에 많이 알려지지 않은 명품 브랜드거나 맞춤 제작한 유일무이한 의상인 만큼 제품에 대한 희소성이 높으며, 희소성이 높은 만큼 나만의 개성을 살릴 수 있다는 강점이 크게 작용한다.

최근 그녀가 공식석상에서 입고 나온 브랜드로는 브루넬로 쿠치넬리나 에르메스 정도만 확인됐다.

하지만 클래식하고 기본적인 스타일을 입는 경우가 많아 결론부터 말하자면, '따라하기 쉽다'. 개성 강한 할리우드의 패셔니스타들과는 달리 고급스런 분위기가 어우러진 깔끔한 스타일링에 주목하면 된다. 여기에 이부진 스타일을 분석한 현실적인 조언이 당신의 스타일을 업그레이드시켜 줄 것이다.

■ 편집숍

한 매장에서 다양한 브랜드의 제품을 판매하는 매장으로 상품기획자(MD)의 역량에 따라 브랜드와 아이템을 선별, 소량씩 취급한다. 마찬가지로 명품 편집숍은 파리, 뉴욕, 런던, 밀라노 컬렉션 등에서 공수한 세계적인 디자이너 제품들을 소량 수입하여 판매하는 매장을 말한다.

■ 상위 1%가 선호하는 패션 브랜드

브루넬로 쿠치넬리Brunello Cucinelli
1978년 설립된 이탈리아 명품 캐시미어 브랜드. 지난 30년 동안 타협하지 않는 품질, 핸드크래프트, 크리에이티브, 이 3가지 경영철학으로 '캐시미어' 하면 이 브랜드를 떠올릴 만큼 전 세계적으로 인정받고 있다. 아울러 최상의 원단에 고급스러운 스타일을 완성시켜 주는 최선의 디자인과 클래식하면서도 아웃도어에 적용가능한 스타일로 남녀를 불문하고 사랑받고 있다.

에르메스Hermes

170여 년 전 귀족들을 위한 마구용품 브랜드로 시작한 에르메스는 오늘날 장인 정신의 대표적인 명품 브랜드로 손꼽힌다. 의류, 구두, 시계 및 향수, 테이블웨어 등 총 14개 라인을 선보이고 있으며 그중 가방과 스카프가 대표적이다. 특히 웨이팅 리스트에 올라야 구매할 수 있다는 에르메스 백은 만들어지는 과정부터 다른 브랜드는 감히 따라 할 엄두도 내기 힘든 엄격한 과정을 거치는 것으로 유명하다.

브리오니Brioni

1945년 탄생, 100% 수작업 공정으로 만드는 브리오니는 도널드 트럼프, 영국의 앤드류 왕자, 전설의 영화배우 클라크 게이블, 존 웨인, 피어스 브로스넌 등 세계 유명인사들이 즐겨 찾는 수트의 대명사로 불린다. 재킷 하나도 42번 이상의 다림질과 186번의 공정, 수천 번의 손질을 거치며 기성복과는 비교할 수 없는 최고의 명품 양복으로 국내에서는 이건희가 즐겨 입는 브랜드로 유명세를 떨쳤다.

T.P.O로 보는 이부진 스타일

이부진의 고급스럽고 우아한 이미지는 호텔신라가 추구하는 고급스러운 이미지와 일맥상통한다. 그녀는 2001년 호텔신라에 입사한 후 저수익사업이었던 식음과 연회 부문을 2년 연속 업계 시장점유율 1위, 효율 1위로 끌어올렸고, 지난해에는 명품 브랜드인 루이뷔통을 인천국제공항 신라면세점에 입점시키는 데 성공하는 등 뛰어난 업무 성과를 보이며 2011년 사장으로 파격 승진했다.

업무에서도 특별한 성과를 거뒀지만 패션도 못지 않다. 업무와 패션 감각에서 모두 프로페셔널한 모습을 보여 주고 있는 그녀의 패션은 깔끔한 모노톤(블랙앤화이트) 의상이 주를 이룬다. 하지만 여기에도 나름의 공식이 있다.

그녀의 센스를 더욱 스타일리시하게 완성시키는 T.P.O(Time, Place, Occasion)에 맞는 패션센스와 포인트 액세서리의 활용, 섬세하게 소재를 믹스매치하는 것 등이 그것이다.

1) 집무 및 회의

집무실에서 업무를 볼 때나 회의를 참석할 때 이부진은 블랙앤화이트 컬러에 미니멀한 디자인의 수트 패션을 주로 선보여 왔다. 매우 절제되어 있지만 적절한 포인트를 주고 여성미를 잃지 않는 이른바 '영 럭셔리' 스타일이다.

몸에 잘 맞으며, 수트의 딱딱함을 보완, 감각적이고 활동적인 이미지를 주는 비즈니스 캐주얼을

평소에 업무를 보거나 회의를 참석할 때의 패션. 사진제공: 〈연합뉴스〉

즐기는 이부진의 스타일은 세련된 비즈니스 우먼 룩의 전형이다. 군더더기 없는 심플한 디자인이나 직선적인 실루엣은 깔끔한 인상과 함께 상대방에게 신뢰를 준다. 여기에 자신만의 디테일을 가미해

트렌디하면서도 단정하고 우아한 느낌을 동시에 연출하는 것이 이부진 스타일의 특징이다.

그녀의 트레이드 마크인 중간 길이의 자연스러운 웨이브 헤어 스타일과 뉴트럴톤의 메이크업이다. 액세서리는 컬러나 디자인을 맞춘 귀걸이, 반지, 목걸이 중 두 군데로 제한한다. 하지만 최근 삼성전자 장충사옥에서 열린 제38회 정기주주총회에 참석했을 땐 이전보다 화려한 패션으로 눈길을 모으기도 했다. 광택 소재와 어깨를 감싸는 듯한 디자인으로 여성성을 강조했는데 평소 즐겼던 블랙 의상보다 밝고 역동적인 인상이었다는 평가였다.

2) 공식 행사

공식적인 행사에 참석하는 이부진의 모습은 고상하면서도 화려하다. 늘 즐기는 블랙앤화이트의 심플한 스타일링이지만 평소보다 강렬한 액세서리와 클러치백, 퍼 숄 등으로 포인트를 준 감각 있는 스타일이 주를 이룬다.

호암 이병철 탄생 100주년 기념식에서 이부진은 소매가 넓은 동양적 느낌의 흰색 블라우스형 쇼트 재킷과 클러치 백으로 눈길을 끌었는데 이 스타일은 어머니 홍라희가 리움 미술관장 시절에 즐기던 스타일이다. 이날 이부진이 선택한 클러치는 '에르메스'.

호텔신라 사장 취임식에서는 전형적인 올블랙 패션을 선보였다. 원피스, 주얼리, 슈즈 모두 블랙이었다. 이날의 패션 포인트는 앞섶의 깃털 장식과 앞여밈 부분을 따라 자연스럽게 흘러내리는 드레이프 디테일, 그리고 시원하게 파진 브이네크라인은 블랙 컬러가 줄 수 있는 밋밋함과 답답한 인상을 보완하는 동시에 여성스러움을 극대화시켰다.

소재의 믹스앤매치가 돋보였던 2011년 삼성그룹 하례회에서는 비스코스 저지 드레스에 가죽과 담비털이 믹스된 퍼 숄, 그리고 광택감이 있는 파인톤 부츠를 매치하여 절제된 가운데 세련된 믹스

호암 이병철 탄생 100주년 기념식 행사에 참석했을 때의 모습. 사진제공: 〈머니투데이〉 이동훈 기자

호텔신라 사장 취임식 때의 모습.
사진제공: 〈머니투데이〉 이동훈 기자

2011년 삼성그룹 하례회 때의 모습. 사진제공: 〈이데일리〉 한대욱 기자

앤매치를 완성시켰다.

3) 일상 스타일

목을 감싸는 블랙 컬러의 상의에 실루엣이 강조되지 않는 베이지 컬러의 니트를 매치, 기업인의 모습보다는 온화한 여성의 모습과 편안함, 그리고 세련된 느낌을 동시에 주는 의상을 입는다.

이부진의
스타일링을 훔치다

이부진의 스타일을 키워드로 보자면, 바로 '블랙'과 세련된 '믹스앤매치'다. 자칫 단조로운 이미지를 줄 수 있는 블랙 컬러의 단점을 소재의 믹스앤매치나 액세서리의 질감으로 보완한다. 전체적으로 블랙이지만 허리 등 부분적으로 광택이 나는 의상에 볼륨감 있는 질감의 부츠나 가방을 조합하는 식이다. 그녀의 스타일은 크게 눈에 띄지 않지만 세련된 믹스앤매치를 통해 꾸민 듯 꾸미지 않은 듯 우아하고 재치 있다.

이런 그녀의 스타일을 멋지게 따라 하고 싶은 이에게 다음 몇 가지 스타일링 팁을 제안한다.

1) '블랙' 요리하기

블랙 의상은 기본적으로 다른 색을 흡수하는 성질이 있어 무난하면서도 심플한 세련미를 준다. 때문에 이부진을 비롯한 로열 패밀리와 경영인들의 스타일링에 있어 많은 사랑을 받는다. 하지만 자칫 따분하거나 칙칙한 스타일이 될 수 있는 컬러 또한 블랙이다. 누구나 흔히 갖고 있는 컬러지만 세련되게 소화하기란 쉬운 일이 아니기 때문이다. 더군다나 올블랙 패션을 무작정 따라 하다간 은행원이나 비서처럼 보이기 십상이다.

전체적으로 블랙 스타일링을 할 경우 무엇보다 세련된 믹스앤매치가 관건이다. 다양한 소재들을 믹스매치하거나 하나의 소재로 된 아이템일지라도 디테일이 돋보이는 제품을 선택할 경우 블랙 컬러가 주는 단조로움을 에지 있게 승화시킬 수 있다.

또한 포인트가 될 수 있는 액세서리를 함께하는 것도 좋은 방법이다.

올블랙 스타일링을 처음 시도한다면 후자로 언급한 디테일 포인트나 액세서리 포인트를 추천한다. 소재를 다양하게 믹스매치하는 스타일은 훨씬 세련돼 보이지만 소재의 특성을 잘 이해하지 못한다면 되려 패션 테러리스트가 될 수 있기 때문이다. 올블랙 패션 스타일링이 다소 부담스럽다면 블랙과 환상의 궁합을 보이면서도 모던하고 세련된 스타일을 살려 줄 수 있는 컬러들과의 조합을 시도해 보는 것도 좋다.

블랙앤화이트의 조화는 블랙이 가진 강인하고 카리스마 있는 리더의 모습과 화이트가 주는 우아하고 부드러운 여성의 느낌을 동시에 준다. 화이트만큼이나 온화하고 부드러운 느낌을 주는 베이지와 매치할 경우 지적이며 모던한 도시 여인의 분위기를 연출할 수 있다. 뿐만 아니다. 블랙과 톤 다운된 바이올렛이나 그린 컬러의 콤비네이션은 언뜻 어울리지 않을 것 같지만 유러피안 시크의 감성을 표현할 수 있다.

2) 이부진식 믹스앤매치

자랑스런 삼성인상에 참석한 이부진은 블랙 정장을 입고 있지만 광택 있는 벨트로 허리를 강조했다. 같은 블랙이라도 광택 소재는 팽창돼 보이므로 주의해야 하지만 부분적으로 적절히 활용할 경우 오히려 날씬하면서도 세련되게 연출할 수 있다는 점을 잘 활용한 것이다. 또한 장갑, 작은 손가방, 부츠도 광택감이 있는 아이템을 선택, 올블랙 패션이지만 지루하지 않고 세련된 모습을 연출했다.

자랑스런 삼성인상 행사 때. 사진제공: 〈재경일보〉

이건희 회장의 칠순 잔치 때.
〈사진제공: 아시아경제〉

이건희 회장의 칠순 잔치에는 블랙앤화이트 패션을 선보였는데, 안에 입은 화이트 셔츠를 제외하고는 코트, 팬츠, 작은 손가방 그리고 구두까지 모두 블랙으로 통일했다. 아우터로 입은 A라인 코트는 실루엣이 독특할 뿐 아니라 소재도 두꺼운 펠트지이며 밑단 부분에 펀칭 디테일이 돋보이는 디자인이다.

LVMH 그룹 아르노 회장 미팅 때는 다소 어두운 색감의 보라와 블랙이 앞·뒷면으로 되어 있는 아우터를 선택했다. 오묘한 컬러의 조화가 세련된 느낌을 한층 돋우는 동시에 신뢰감을 주며 자연스럽게 흐르는 실루엣은 안정감과 편안함을 준다.

3) 이부진의 잇 아이템

발등까지 덮는 스키니 팬츠

팬츠를 입을 때마다 이부진이 고집하는 스타일은 바로 발등까지 덮는 스키니 팬츠다. 편안한 소재의 몸에 꼭 맞는 스키니 팬츠는 활동적이면서도 날씬한 몸매를 부각시켜 준다. 뿐만 아니라 발등까지 오는 길이감으로 키가 훨씬 커 보이는 효과도 가져다준다.

블랙 부츠

원피스나 스커트를 입을 때에 잊지 않고 찾는 아이템. 광택이나 주름 정도는 차이가 있지만 블랙 컬러의 굽이 높은 부츠를 선택한다는 점은 한결같다.

스퀘어 클러치

이부진은 빅 사이즈보다는 작은 손 가방을 선호한다. 하지만 디자인 면에서는 로맨틱한 스타일보다는 각이 진 형태의 심플하고 지적인 분위기를 줄 수 있는 스타일을 선택한다.

드롭형 귀걸이

이부진의 귀걸이는 비즈니스우먼이 선호하는 귀에 딱 붙는 스터드형이 아닌 10cm가량 늘어진 드롭형이다. 드롭 스타일은 여성적인 스타일로, 얼굴을 갸름하게 보이게 한다.

4) 이부진 스타일을 소화할 수 있는 대중 브랜드 베스트 5

미국이나 유럽에서는 이미 10년 전부터 재벌 2세나 3세들이 할리우드 스타 못지않은 막강한 파워를 자랑하고 있다. 그들은 패션 트렌드세터란 이름으로 대중의 주목을 받으며 연예인처럼 인기를 먹고 살고 있다. 대표적인 예로 우리가 익히 잘 알고 있는 억만장자 도널드 트럼프의 딸 이반카 트럼프, '에스티로더'의 창업자 에스티 로더의 손녀딸 에이린 로더, 언론 재벌 윌리엄 허스트의 증손녀

아만다 허스트 등이 있다.

하지만 아시아에서 이런 현상은 처음이다. 많은 여대생들과 직장 여성인들이 이부진 스타일을 따라 하기 위해서 이부진이 방송에 나오기만 하면 눈에 불을 켜고 스타일을 분석한다. 하지만 앞서 언급한 것과 같이 이부진의 의상 대부분은 적게는 몇 백만 원에서 몇 천만 원을 호가한다. 이런 고가의 의상들을 일반인들이 무작정 따라 하기에는 무리가 있다.

나는 지난 몇 달 동안 여러 패션 전문가들과 함께 보다 많은 사람들이 수월하게 이부진 스타일을 소화할 수 있는 방법이 무엇인가를 연구했다. 고심 끝에 이부진 스타일을 수월하게 소화할 수 있는 5개의 대중 브랜드를 선택했다. 이 브랜드들의 옷이라면 보통 직장인들도 어렵지 않게 스타일을 따라잡을 수 있을 것이다. 여기에 그 브랜드들을 소개한다.

자라 ZARA

생산, 제조, 유통, 판매까지 전 과정을 제조회사가 맡는 대표적인 SPA 브랜드인 자라는 2008년 4월 롯데 영플라자점에 1호점을 오픈하면서 국내에 첫 선을 보였다. 2010년에는 27개 점포에서 약 1,800억 원의 매출을 올릴 정도로, 고속 신장하면서 국내 시장에서도 대표 패션 브랜드가 됐다. 자라가 지닌 장점은 다양한 스타일, 핫 트렌드 그리고 합리적인 가격이다. 자라의 다양한 라인 중에서, 이부진 스타일과 맞는 것은 시크앤럭셔리 감성의 '우먼 라벨'. 합리적인 가격으로 글로벌한 시크함을 연출하기에 제격이다.

커밍스텝 COMING STEP

커밍스텝은 국내 대표 여성복 기업 미샤가 2010년 하반기에 런칭한 야심작이자 여성복 시장에서의 핫이슈 브랜드다. 커밍스텝은 뉴욕 감성의 내추럴 모던앤심플을 기본 콘셉트로 하고 있다. 테일러링의 정교함과 높은 품질에 충실한 상품들을 선보이는 것이 특징이다. 지나친 디테일을 지양하고 자연스럽고 모던한 라인을 강조한 재킷, 블라우스, 셔츠가 가장 인기 있는 아이템이다.

96뉴욕 96NY

96뉴욕은 대표적인 국내 영캐릭터캐주얼 브랜드로, 대중적인 인지도와 세련된 감성이 장점이다. 오랜 시간 사랑을 받아 온 만큼 퀄리티와 디자인에 대한 철학이 있다. 모던함과 여성스러움을 바탕으로 편안하고 고급스러운 디자인을 선보인다. 핫 트렌드를 시크하고 모던하게 수용하고 싶은 여성들에게 적합한 브랜드다.

〈사진제공: 96NY〉

〈사진제공: 96NY〉 〈사진제공: 96NY〉

KL

KL은 페미닌하고 럭셔리한 테일러링이 돋보이는 시크하고 세련된 뉴욕 감성의 브랜드다. 핵심 키워드는 '새로운 럭셔리즘에 대한 재해석', '모던 심플리시티', '세련된 도시 감성'이다. 특히 인터내셔널 테이스트를 갖춘 실용적인 라이프스타일을 추구하는 여성을 타깃으로 한다. 포멀하면서도 캐주얼하며, 트렌디하면서도 컨템포러리한 감도가 다양하게 교차된다. 이 브랜드에서 눈여겨볼 아이템은 재킷과 원피스. 절제되면서도 디테일한 볼륨감이 고급스러움을 강조한다.

구호

미니멀리즘에 근거한 진보적인 옷을 만드는 브랜드다. 제일모직이라는 패션 대기업과 크레이티브 디렉터 '정구호'의 조우가 런칭 시점부터 화제가 되었다. 새로운 시도에 대한 우려와는 달리, 한국 패션계의 새로운 가능성을 열어 준 대표적인 사례가 되었다. 정구호가 만드는 미니멀리즘과 아방가르드의 조화, 간결하면서도 우아한 실루엣이 구호의 장점이다.

chapter 5

미래가 기대되는
전략기획자로 성장하라

후계자의 필수관문, 전략기획

이재용은 스물세 살에 삼성전자 총무그룹 과장으로 입사한 이후 줄곧 같은 회사 소속인 반면 이부진은 스물다섯 살에 삼성복지재단 기획지원팀 대리로 출발해 삼성전자 일본본사를 거쳐 호텔신라와 삼성에버랜드로 활동 영역을 넓혔다. 둘의 입사 이후 행로가 달라 보이지만 자세히 들여다보면 공통점이 있다. 임원 승진 후 첫 보직이 최고경영자를 지근거리에서 보좌하는 경영전략 담당 상무보였다는 점이다.

차세대 리더들이 빠지지 않고 반드시 거쳐가는 곳은 '전략기획' 업무다. 해당 그룹에 재직 중인 45명의 입사 후 이력을 조사한 결과 25명이 주력 계열사의 기획 관련 부서를 거쳤다. 주요 인물을 소개해 보면 이렇다. 이재용(삼성전자 경영기획팀 상무보), 정의선(현대차그룹 기획총괄본부 부본부장), 정용진(신세계 기획조정실 상무), 조원태(대한항공 경영전략본부장), 이해욱(대림산업 기획실장) 등 후계자들은 예외 없이 기획 관련 부서에서 일을 배웠다. 이부진 역시 마찬가지다.

왜 후계자들은 전략기획을 배우는 것일까? 기획과 전략 업무를 하다 보면 그룹 전체를 파악할 수 있고 미래의 큰 그림을 그리는 방법을 훈련할 수 있기 때문이다. 따라서 후계자 수업의 필수코스다. 결국 10만 명을 먹여 살릴 혁신적인 제품을 만들고 시장에 내놓기 위해서 가장 중요한 게 전략기획인 셈이다.

사실 전략기획이라는 용어는 언론 매체에도 자

주 등장하고 우리가 직장에서 회의를 할 때도 흔하게 쓴다. 그만큼 광범위하게 퍼지고 있고 누구나 알고 있는 용어다. 아마도 전략기획이라는 말만큼 기업 현장에서 자주 사용되는 말도 없을 것이다. 그러나 나는 그 의미를 정확하게 알고 있는 사람을 본 적이 없다. 대부분의 사람들은 전략기획이라는 말을 너무 자주 들어서 그것을 알고 있다고 착각하고 있다. 이것은 마치 한글을 깨치고 글자를 읽을 수 있게 되면 글의 의미를 안다고 착각하는 것과 다르지 않다. 그런 이유 때문에 전략기획이라는 말을 들으면 순간 긴장이 되는 사람이 많을 것이다.

일단 쉽게 접근해 보자. 먼저 기업의 생리를 생각해 보자. 기업은 살아가며 수많은 낭떠러지 앞에 서서 새로운 전략과 기획을 짜야 한다. 우리는 현명하게 분석하여 전략을 만들고, 전혀 새로운 것을 기획해 나가야 한다. 그리하여 원하는 것을 성취하고, 지속성장이라는 거대한 바다를 만나야 한다. 결국 전략기획이란 자신이 속하고 있는 기업이 시장에서 이기기 위한 명확한 특징을 갖게 해주는 것이고 그 특징을 차별화시키고 약속된 방향으로 이끌어 나가는 것이다. 쉽게 말해 '전략기획이란 이기기 위한 콘셉트를 생각하고 그것을 실현하기 위한 방법을 짜내는 것'이다. 막연하게 전략기획이란 말을 들으며 긴장했던 사람도 이런 방식으로 다가가면 결코 어려운 일이 아니라는 것을 알게 될 것이다. '무엇을 강하게 하고, 어떤 결점을 보완할 것인가를 생각하는 일'이라는 개념만 갖고 있으면 된다.

물론 전략기획은 어려운 일이다. 전략기획은 지금까지 걷지 않은 새로운 길을 걷는 것이기 때문이다. 새로운 질서를 만들어 내고 그 길로 사람을 움직이게 만드는 것만큼 어렵고 힘든 일은 없다. 현재의 제도와 시스템으로 혜택을 보고 있는 모든 사람들로부터 엄청난 저항을 받을 수밖에 없기 때문이다. 이 모든 것이 제대로 돌아가게 만들기 위해서는 전략기획이 최대한 '이기는 콘셉트'로 맞춰져 있어야 한다. 누가 '이기는 콘셉트를 가장 잘 만들 것인가?'가 관건인 것이다. 그래서 이번 장에서 최고의 전략기획자가 되기 위해서 필요한 창의력과 구상력 그리고 세상을 바라보는 관점에 대해서 설명을 하면서 여러분들이 '이기는 콘셉트'를 잘 만들 수 있도록 도우려 한다.

우리에겐 왜
전략이 필요한가?

앞날을 알 수 없는 시대를 살아가며 기업이 경쟁기업을 이기기 위해서는 매 순간 우위를 점하고 있어야 한다. 이때 우위를 점한다는 것은 변화를 주도해서 새로운 유행을 만들어 내는 것을 말하기 때문에 전략기획의 중요성이 커지는 것이다. 무턱대고 잘되고 있는 것을 따라 하는 것에서 벗어나 다른 기업이 우리를 따라 하도록 만드는 것이다. 결국 새로운 것을 만들어 내는 전략기획이 성과의 시작이다.

그래서 일정 수준 이상의 매출을 올리고 있는 기업들은 새로운 것을 발견해 내고 새로운 유행을 선도할 수 있는 인재들을 한곳에 모아 두고 특별 관리를 한다. 기업의 기대에 부응하기 위해 그들은 다른 사람들보다 더 많은 것을 알아야 하며 알고 있는 것을 기초로 더 많은 것을 생각해 내고 상상 이상의 많은 일을 해야 한다.

그들은 보통의 직장인들처럼 출근해서 서류를 검토하고 늘 하던 일을 기계처럼 반복해서 하는 일을 하지 않는다. 그들은 오늘은 어제와 다르게, 내일은 오늘과 다르게 생각하고 행동한다. 그 이유는 그들의 생각을 미래와 연결시켜 경쟁 우위를 점할 수 있는 전략을 만들어 내야 하기 때문이다. 만약 그들이 그것을 만들어 내는 데 한계를 가지고 있지 않다면 그들이 머물러 있는 회사 역시 발전에 한계가 없는 셈이다. 쉽게 말해 그들이 끊임없이 새로운 것을 만들어 내고 시장을 선도할 수 있는 전략을 만들어 낸다면 그들이 머무는 한 회사는 발전할 것이다. 그들이 바로 최고의 전략기획자다.

다음의 이미지를 보면 수많은 대기업 후계자들이 왜 전략기획에 대해서 배우고 있는지 그리고 우리가 왜 전략기획자처럼 일을 해야 하는지 그 이유를 알 수 있을 것이다. 전략기획자는 가공되지 않은 자료를 통해 정해진 목적을 위해 정보를 처리하고 그 정보를 활용해서 미래를 예측하는 일을 반복한다. 그리고 그 반복을 통해 끊임없이 자

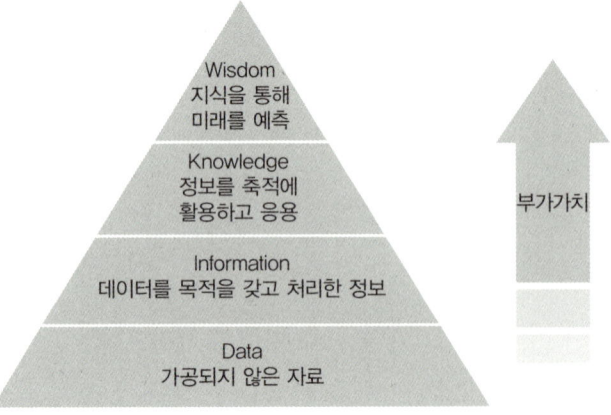

전략기획의 과정

신의 부가가치를 높이는 것이다. 때문에 우리는 그들처럼 일을 하는 것만으로도 우리 자신의 부가가치를 높일 수 있게 된다.

우리가 최고의 전략기획자가 되어야 하는 이유는 당장 내일이 어떻게 될지 알고 있어도 우리가 얻을 수 있는 이익들은 헤아릴 수 없을 정도로 많기 때문이다. 물론 미래에 어떤 일이 일어날지 예측하는 건 어렵다. 남들보다 몇 수 앞을 내다볼 수 있는 혜안을 가지고 있어야 하기 때문이다.

일기예보를 봐도 그렇다. 최첨단 슈퍼컴퓨터를 들여오고, 대통령보다도 높은 연봉을 주고 외국 전문가를 모셔와도 날씨 하나 잘 맞추지 못한다. 그것은 앞서 말했듯 미래는 전략의 영역이기 때문이다. 전략의 영역이라는 말은 불확실성의 영역이라는 말과 같다. 우리는 전략기획을 통해 '불확실한 것을 확실한 쪽으로 최대한 옮겨 가는 과정'을 수행해야 한다. 수시로 일어나는 갖가지 다양한 요인으로 인해 예측은 너무나 쉽게 빗나가게 되지만 그 불확실성의 영역인 예측을 좀 더 잘 들어맞을 수 있도록 위치를 조정해 주는 역할을 우리가 해야 한다.

물론 과거의 것을 답습하면서 편하게 살자고 말할 수도 있을 것이다. 했던 행동과 생각을 그대로 유지하면 일단 당장은 편하게 지낼 수 있기 때문이다. 하지만 미래가 반드시 과거의 반복이라고 볼 순 없다. 무엇보다 성장으로의 열망을 가진 우리들에게 과거를 답습하는 삶을 살라고 하는 것은 죽어 있는 심장을 가지고 살라고 하는 것만큼 냉혹한 일이다.

생각의 중심에서
양극단을 바라보라

결국 창의력이 필요하다. 수많은 책에서 창의력을 기르는 방법을 논했지만 사실 독자에게 그리 많은 감흥을 주지 못했다. 나는 일단 창의력을 키우기 위해서 가장 삼가야 할 말을 하나 소개하려 한다.

"그건 아무 관계가 없잖아!"

모든 관계의 벽을 허무는 것이 창의력의 시작이다. 세상에는 "나는 굉장히 아이디어가 넘치는 사람이야."라고 말하면서도 관념에 갇혀 좁은 바닥에 엎드려 아이디어를 찾느라 고생하는 사람들이 많다. 편견을 버리고 벽을 허무면 끝없이 넓은 세상이 당신에게 창의력을 선물해 줄 것이다.

대부분 논리적인 사람들이 좁은 공간에 갇히는 실수를 잘 한다. 언뜻 아무 관계가 없어 보이는 것들끼리의 관계성에 눈길을 전혀 주지 않기 때문이다. 하지만 현실에서 우리가 쓰는 것들의 대부분은 '설명할 수 없는 비논리성에서 출발했다'는 것을 기억해야 한다. 논리적으로 하나하나 분석해 나가며 설계도를 그리듯 발명하거나 발견한 것들의 수는 굉장히 적다.

관계가 없어 보이는 것에 관심을 갖고 조금씩 관계성을 부여해 주다 보면 그 틈만큼 발상이 부풀어 올라 과거엔 생각하지 못했던 뜻밖의 관계성을 발견하게 되는 순간을 맞이하게 된다. 하지만 논리만 따지거나 관계에 대한 중요성을 모르는 사람들은 대부분 이런 사고의 자유를 잃어버리거나 잃어 간다. 자신이 전혀 고려하지 않고 있던 뜻밖의 대화로 이야기가 전환되면 이 사람들은 대번 이렇게 말하며 대화를 중단시킨다.

"저, 잠깐만요. 이거 하나만 짚고 넘어갈 수 있을까요?"

"네. 무슨 문제가 있나요?"

"중요한 문제입니다. 지금 우리가 하는 게 시간 낭비일 수도 있어요. 대체 지금 이게 우리가 고민하고 있는 문제와 무슨 관계가 있죠?"

물론 관계가 없을 수도 있다. 하지만 그 말을 꺼낸 사람의 입장에서는 관계성이 있어서 말을 꺼낸 것인데 오직 논리만 따지는 사람의 눈에만 관계가 보이지 않는 경우일 수도 있다.

예를 들어, '불황일수록 미니스커트가 유행'이라는 현상은 이제 매우 잘 알려져 있다. 하지만 이 사실은 전혀 논리적이지 않다. 논리적인 사고로는 도저히 밝혀 내기 힘들다. 이런 사실을 발견하기 위해서는 앞서 말했듯 모든 것을 받아들일 수 있는 관계에 대한 포용을 가지고 있어야 한다. 직접 밖에 나가 사람들의 복장을 살펴보며 경제 상황에 따라 어떤 차이가 있는지를 연구하고 스스로 하나의 의견을 만들어 나가야 한다. 하지만 이럴 때도 너무나 논리적인 사람들은 "아니 사람들이 입는 거랑 불경기가 무슨 관계야?"라고 말하며 분석조차 하지 않으려 한다.

트렌드를 읽겠다고 아무리 신문을 열심히 보고 책을 읽으면 뭐하나. 당신이 읽고 있는 그것들은 사실 이미 누군가에 의해 밝혀진 의견에 불과하다. 당신에게 필요한 건 누군가의 의견이 아니라 바로 당신의 의견이다. 아무리 책을 읽어도 당신에게 창의력이 생기지 않는 이유도 그것이다.

창의력이 가만히 앉아서 생기는 거라면 한국의 고등학생들은 모두 창의력이 넘치는 아이들이어야 한다. 지금 당장 밖으로 나가 세상을 바라보라. 직접 관찰해 보면 그제야 조금씩 관계를 바라보는 당신의 눈이 달라질 것이다. 그리고 전혀 관계 없는 뜻밖의 장소에서 관계성을 가지게 되는 현상을 발견하게 될 것이다. 이렇듯 논리적으로 사물의 본질과 중심을 바라보는 것도 중요하지만 그 주변을 넓게 살펴볼 수 있는 눈을 가지고 있어야 아직 밝혀지지 않은 숨겨진 관계성을 발견할 수 있다.

미국의 의학자 매키넌(Mackinnon)이 정리한 창의적인 사람의 특성을 보면 다음과 같다.

- 틀에 박힌 양식을 싫어한다.
- 보통 이상의 지능을 가진다.
- 언어 지각력과 공간 지각력이 높다.
- 이해력이 뛰어나고 삶의 경험을 잘 활용한다.
- 예리한 관찰력과 분별력을 가지고 있다.
- 자기 표출 의욕이 강하다.
- 새로운 경험에 대하여 개방적이다.
- 스스럼없이 자신의 감정과 느낌을 잘 표현한다.
- 어떤 일에 대하여 판단하기보다는 감지하는 것을 더 선호한다.
- 지성과 감성을 함께 지니고 있다.

- 독립적으로 판단하고 사고하는 경향이 있다.
- 하찮은 일에 연연하지 않고 의미에 관심을 둔다.
- 도전적이며 애매하고 복잡한 일을 좋아한다.
- 긍정적이고 자신감 있다.

 이부진의 어머니 홍라희는 창의력 있는 아이를 만드는 데 있어 문화 교육을 중요하게 생각했다. 문화를 대하는 자세는 결국 문화적 감수성에서 생기는 것이라고 생각했고 그 감수성이 경계를 뛰어넘어 다양한 아이디어를 떠올릴 수 있는 힘이 될 수 있다고 생각했다. 그렇게 이부진은 어린 시절부터 창의력을 가질 수 있는 많은 문화체험을 했다. 그리고 그런 경험이 삼성의 미래를 짊어지고 나갈 그녀들에게도 현재 큰 힘으로 작용하고 있다. 하지만 그걸로 끝이 아니었다.
 창의력을 기르기 위한 이부진의 열정은 여전히 눈물겨울 정도로 지독하다. 그런 노력이 없었다면 그들은 결코 지금 그 위치에 오를 수 없었을 것이다. 올랐다고 할지라도 그 위치를 감당할 수 없었을 것이다. 창의력은 한번 가졌다고 평생 지속되는 능력이 아니다. 철저한 관리가 필요하다. 우리도 이부진처럼 철저한 자기통제를 하며 창의력을 관리해 나가야 한다. 나이가 들수록 세월에만 맡기는 게 아니라 더 많이 관리해야 한다.

나이 서른이 넘으면 종합검진을 하는 횟수가 늘어난다. 그렇게 몸에 신경을 쓰는 만큼 자신의 창의력에도 신경을 써야 한다. 몸에만 MRI 촬영을 할 게 아니라 창의력에도 MRI 촬영을 해 보며 늘 자신의 두뇌를 체크하는 생활 태도가 필요하다.

2011년 5월 10일에는 이부진이 아들과 함께 국립중앙박물관에 등장했다. 그녀가 이날 아들과 함께 극장 '용'을 찾은 이유는 어린이 뮤지컬 〈브레멘 음악대〉의 공연을 관람하기 위해서였다. 이부진은 영락없이 평범한 엄마의 모습으로 아들과 함께 공연을 즐겼다. 이런 이부진의 행동을 쉽게 지나쳐서는 안 된다. 이부진은 어머니가 자신에게 문화적 감수성을 길러 주기 위해 노력을 했듯 이제 그것을 자신의 아들에게 전파해 주는 것이다. 문화적 감수성과 창의력을 기르는 게 얼마나 중요한지 잘 알고 있기 때문에 아들에게도 자신이 받은 교육을 그대로 전파하고 있는 것임을 기억해야 한다.

지금 이 글을 읽고 있는 독자 중에 아이를 기르는 어머니도 있을 것이다. 그렇다면 당장 아이의 손을 잡고 문화적 감수성을 길러 주기 위한 노력을 시작해야 할 것이다. 아이가 없는 싱글이라도 마찬가지다. 그렇다면 자신의 창의력을 기르기 위해 지금 당장 문화적인 투자를 시작해 보자.

눈에 보이지 않는 것을 찾아라

상상력이 갖춰졌다면 이제 우리에게 필요한 건 보이지 않는 것을 보는 '구상력構想力'이다. 다른 사람이 미처 생각하지 못한 것을 생각해 내고 상품화하는 능력을 가지기 위해서는 구상력이 필요하다.

세계적인 경영컨설턴트인 오마에 겐이치는 구상력에 대해 이렇게 설명한다.

"구상력이란 눈에 보이지 않는 사물의 본질을 파악하는 '전체적인 사고능력'과 '새로운 것을 발상하고 실행해 나가는 능력'을 말한다. '눈에 보이는 세계'는 대부분 중국과 인도로 가버렸다. 한국도 풍요한 삶을 유지하려면 개발도상국에서 불가능한 것을 해야 한다. 구상력을 기르기 위해선 다른 사람들이 생각할 수 없는 것을 찾아내 실현해 나가는 집념이 중요하다. 그러나 한국과 일본의 학교 교육은 처음부터 해답을 가르친다. 과거에는 유럽과 미국이 정답이었고, 이를 빨리 배우는 사람이 이겼다. '선생先生'이라는 말은 먼저 태어나서 해답을 안다는 뜻이지만 지금 시대는 먼저 태어난 사람의 생각이 낡았을 뿐만 아니라 잘못 알고 있는 것이 많을 가능성이 있다. '구상력'이란 보이지 않는 것을 볼 수 있는 능력이다. 월트 디즈니 같은 사람은 플로리다의 습지를 보고 디즈니월드를 생각해 냈다."

21세기의 진정한 가치는 보이지 않는 것에 있다. 간단하게 예로, 20세기가 자동차나 TV의 시대였다면 21세기는 구글의 시대다. 구상력을 갖추기 위해서는 상상력과 이를 사실fact과 수치figure로 입증해 현실화할 수 있는 능력을 동시에 갖추는 것이 중요하다. 그렇지 않다면 아무리 파격적인 상상력일지라도 꿈에 머물 것이다.

캐나다 휘슬러 스키리조트는 밴쿠버의 쓰레기처리장이었는데 노르웨이의 한 엔지니어가 주변의 산과 그 지역의 미래를 내다보고 북미에서 제일가는 스키리조트로 탄생시켰다. 엄청난 가치 창조다. 다른 사람들은 쓰레기를 쓰레기로만 바라보았지만 그는 쓰레기에서 스키를 타고 있는 사람들을 보았던 것이다.

한때 쓰레기장이었던 그곳의 경치는 그야말로 한 폭의 그림처럼 아름답다. 왜 이 먼 곳으로 스키를 타러 가는지 이해하는 데는 그리 오랜 시간이 걸리지 않는다. 학교에서 암기한 지식은 1달러짜리 메모리 칩에 다 들어갈 수 있다. 하지만 구상력이 있다면, 그 지식을 전혀 다른 것과 혼합하여 가치가 있는 것으로 창출해 낼 수 있다.

구상력을 기르기 위해서는 암기력보다는 근본적인 사고능력이 중요하다. 그런데 현재 대부분 나라의 교육제도는 90%가 기억에 의존해 학습하도록 하고 있다. 암기보다는 혼자 상상하고 상상을 현실로 대입해 보는 시간을 많이 갖는 것이 구상력을 키우는 데 많은 도움을 줄 것이다. 상상을 현실로 대입해 보는 과정을 거칠 때 주의해야 할 것이 있는데 당신의 창의력을 방해하는 몬스터들을 이겨내야 한다는 것이다.

보통 우리들은 누군가 굉장히 창의적인 아이디어를 내면 "어디서 들어본 것 같은데……. 에이, 그게 실현 가능하겠어?" 같은 말을 하며 상대방의 아이디어를 무시하곤 한다. 하지만 구상력을 키우기 위해서는 이 위기 상황을 잘 이기고 넘어가야 한다. 당신의 창의력을 방해하는 몬스터는 크게 3가지가 있는데 다음에 그 요소와 해결 방안을 명시했으니 참고해 보자.

이 3가지 몬스터는 타인에게서 오는 것이고, 자

창의력을 방해하는 몬스터를 무찌르는 방법

	창의적인 발상을 방해하는 요소들	내가 보완해야 할 것
몬스터1	"그건 너무 비현실적이야."	부분적으로 적용할 수 있는 곳을 찾아보자.
몬스터2	"어디서 들었던 말 같은데……."	조금 더 이론을 확장하거나 축소해 보자.
몬스터3	"무슨 말인지 이해가 안 돼."	마인드 맵을 통해 아이디어의 허점을 찾아보자.

기 자신에게서 오는 몬스터도 있는데 그건 바로 '도적적 불감증'이다. 인터넷 문화가 발달한 지금은 마우스만 클릭하면 얼마든지 새로운 정보를 얻을 수 있다. 이곳저곳을 둘러보며 스크랩만 해도 기획 하나 만드는 일은 식은 죽 먹기다. 이것은 쉽고 편하지만 결국 당신의 창의력을 조금씩 갉아먹는 몬스터가 되고 만다. '한 번만 참고해야지.' 하는 마음은 스크랩이라는 도적적 불감증에서 영원히 빠져나오지 못하게 만들 것이다. 영영 당신에게는 구상력이 생기지 않게 될 것이다. 그러므로 인터넷에

서 검색되는 자료들은 참고만 하고 스스로 생각해 내는 버릇을 길러야 한다.

더 많은 것을
몸소 체험하라

세계적인 베스트셀러 작가 대열에 댄 브라운을 빼놓을 수 없을 것이다. 우리나라에서도 100만 권 이상이 팔려나갔고 영화로도 만들어진 『다빈치 코드』를 비롯해 쓰는 책마다 대박을 내는 작가다. 2009년에 발간된 『더 로스트 심벌』은 발매 하루 만에 영국과 미국에서 100만 권이 팔리는 기록을 세울 정도다.

그는 한 인터뷰에서, 다채로운 소재와 풍부한 지식이 가미된 이야기를 어떻게 만들어 내느냐는 질문에, 자신의 다양한 경험이 밑바탕이 된다고 말했다. 그는 영어 교사였지만 미술사를 공부했고, 작사가, 피아니스트, 가수 등 안 해 본 일이 없을 정도다. 그 때문에 30대 중반까지 그는 성공한 인생과는 거리가 멀었지만 어느 순간 다양한 지식이 폭발력을 발휘하면서 세계적인 대중 작가의 반열에 올라섰다.

여기저기서 요즘 젊은 사람들과 이야기를 하다 보면 공통적으로 느끼게 되는 점이 있다. 인문이나 사회학 관련 책은 거의 읽지 않으며 그 외 다양한 지식도 접하려고 하지 않는다는 것이다. 이유는 하나다. 취직 걱정 때문에 전공에서 좋은 성적 내기도 바쁜데 언제 다양한 분야에 관심을 기울이느냐는 것이다. 그러다 보니 전공 분야에는 깊은 지식이 있을지 모르겠으나 다른 분야의 지식에 대해서는 문외한이 되고 만다.

물론 여러 분야의 풍부한 정보와 지식을 갖는다는 것은 당장의 일에 도움은 안 된다. 그러나 장기적으로 보면 폭발력을 발휘할 밑거름이 된다. 지식과 지식이 만나 전혀 다른 새로운 것을 만들어 내기 때문이다. 한 분야의 지식만으론 시너지가 일어날 수 없다.

다방면의 지식을 책이 아닌 몸으로 직접 체득할 수 있으면 더 좋다. 수업 시간에 배운 것보다 직접 몸으로 부딪치면서 배우는 게 진짜다. 여기 물리 수업을 빼먹은 2명의 여학생이 있다. 원래 한 친구가 더 합세를 해야 하는데 그 친구는 물리 수업은 빠질 수 없다면서 나오질 않았다. 수업에 빠진 두 여학생은 학교 체육관에서 배드민턴 도구를 챙겨 공원으로 갔다. 평소 그 둘은 배드민턴을 좋아해서 주말이면 늘 공원에서 시간 가는 줄 모르고 배드민턴을 쳤다.

문제는 이것이다. 그 둘은 라켓으로 셔틀콕을 치면서, 받는 사람은 셔틀콕의 속도나 비행 궤적을 예측하고, 거기에 다시 바람의 영향까지 감안하여 셔틀콕이 떨어질 자리를 예상하며 미리 그 자리로 이동해 다시 라켓으로 셔틀콕을 상대방에게 칠 것이다. 아무것도 아닌 행동처럼 보이지만, 이 둘은 말로 설명하기 힘든 고도의 물리학을 공부하고 있는 셈이다. 이게 바로 말과 교육에 의지하지 않는 스스로 학습에 의한 참된 지식이다.

이 둘에 비해 물리 수업을 듣고 있는 학생은 책상 앞에 앉아 이론을 머릿속에 주입하기 위해 애를 쓸 것이다. 하지만 직접 몸으로 체득하지 못한 공식이기에 이해하지 못하고 외워야만 하는 상황에 이를 것이다. 당연히 그런 지식은 시험을 보고 나면 깨끗하게 잊혀진다. 다른 지식으로 응용되지도 못하고 다른 지식과 더해져 융합되지도 못한다. 사라지는 지식인 셈이다.

좀 더 넓은 분야에 대한 지식을 습득하고 그것을 몸으로 직접 체험할 수 있다면 더 좋다. 지식을 체험함으로써 더 다양하게 사용할 방법을 생각해낼 수 있는 여지가 생기기 때문이다. 이부진이 온갖 종류의 책을 다 읽고 현장 경영을 하는 것 역시 마찬가지다. 그 과정을 통해 남들이 보지 못하는 광경을 볼 수 있고 그 모습을 사업으로 만들어 수익을 창출해 나갈 수 있기 때문이다.

사실 그 누구도 인천공항 면세점에 루이뷔통이 입점되는 광경을 상상해보지 못했을 것이다. 루이뷔통은 세계의 그 어떤 공항의 러브콜이 와도 입점을 거부해 왔기 때문이다. 그게 하나의 룰이 되어 더 이상 사람들은 그런 제안조차 하지 않게 되었다. 하지만 이부진은 인천공항에서 루이뷔통이 판매되는 광경을 상상했고 3년에 걸쳐 그걸 현실로 구현했다. 그게 바로 구상력이다.

상식을 모두 파괴하라

 "넌 왜 이렇게 상식이 없니?"

우리는 상식대로 생각하지 않는 사람들을 비난하곤 한다. 사람은 반드시 상식을 가지고 살아야 한다고 그 중요성을 강조하는 것이다. 그래서 시중엔 다방면의 상식에 대해 모아 놓은 책들이 꽤 잘 팔린다. 그만큼 우리들은 상식에 목말라 있다. 상식이 없으면 원시인이 되는 줄 안다.

하지만 나는 전략기획자처럼 일하기 위해서는 되도록 상식이 없는 사람이 되기를 권한다. 어떻게 보면 상식은 기존에 알고 있는 길만 가도록 하고 다른 길은 아예 생각하지도 못하게 만드는 힘을 가지고 있다. 생각해 보라. 매일 같은 길만 가는 사람에게 무엇을 기대할 수 있을까?

늘 같은 것을 바라보고 같은 사람을 만나고 같은 음식을 먹는다면 그 사람의 머리에서 이전에 없던 새로운 것이 만들어지길 기대하긴 힘들 것이다. 사고를 막는 가장 큰 적인 상식이기 때문이다. 같은 행동을 하면서 다른 결과를 기대한다는 것 자체가 당찮은 일이다. 그래서 나는 가끔 강의를 할 때 이 시를 낭독하고 사고의 중요성을 강조한 후 강의를 시작하곤 한다.

나는 사고를 사랑한다.
그렇지만 이미 존재하는 관념을 바꾸고 왜곡하는 것은 아니다.
나는 거만한 장난을 경멸한다.
사고는 미지의 삶을 의식 속으로 흘려 보내는 것이며,

사고는 의식을 기준으로 삼는 말에 대한 시험이며,
사고는 삶의 본질에 대한 응시이고, 알 수 없는 것을 하는 것이며,
경험에 대한 진지한 생각으로 결론에 이르는 것이며,
사고는 계략이나 훈련, 속임수가 아니며,
사고는 완전함 속에 온전히 속해 있는 인간이다.

D. H. 로렌스, '사고Thought'

상식은 살아가는 데 분명 중요한 역할을 하지만 새로운 것을 창조할 땐 방해가 된다. 상식 세계에 머물러 있으면 그리스도도 석가모니도 나타나지 않았을 것이다. 상식이라는 게 창조의 걸림돌이 될 수 밖에 없다.

지극이 당연한 이야기지만 '상식적인 생각'에 머무는 사람은 '상식적인 기획'만 할 수 있다. 그리고 상식적인 기획은 상식적인 성공만 안겨 줄 것이다. 상식에는 놀라움과 파격이란 단어가 빠져 있다. 모든 사람이 부러워하는 대단한 성공은 모두

상식을 벗어난 생각의 결과물이다. 상식적인 성공 이상을 성취하고 싶다면 상식에서 벗어나는 게 급선무다.

하지만 사람들은 상식에서 벗어나는 것을 두려워한다. 상식을 고수하는 가장 큰 이유는 '생각'하는 걸 힘들어하기 때문이다. 상식을 벗어나기 위해서는 생각을 통해서 뭔가를 끄집어내야 하는데 그게 힘들기 때문에 아예 나중에는 생각을 하는 것조차 싫어하게 되는 것이다. 그런 사람들에게 생각은 노동보다 고되다.

나 역시 생각을 통해 새로운 것을 생산해 내지 못할 때가 있다. 그럴 때 쓰는 방법이 하나 있는데 일단 무조건 다양한 것을 접한다. 무엇이라도 눈에 띄는 것을 아이디어로 도출해 내기 위해 노력한다. 새로운 무엇을 탄생시킬 수 있도록 끊임없이 다양한 각도로 생각하는 것이다.

산책을 하다가 눈에 띄었던 모든 것, 친구와 대화를 하다가 나온 모든 언어, 영화, 음악이 당신이 생각을 하는 데 도움을 줄 수 있다. 만약 단어를 통해 새로운 것을 찾고 싶다면 수많은 단어가 나와 있는 고전 저술가들의 책을 찾아봐도 되고 정갈하고 다소 특이한 단어가 자주 나오는 시집을 들춰봐도 도움이 된다.

당장 책이 없거나 서점에 갈 수 없는 상황이라면 버스를 타며 창밖으로 보이는 상점들의 간판이나 라디오에서 들려 나오는 광고카피를 통해서도 원하는 것을 얻을 수 있다. 이런 것들에게 요인을 찾는 자신의 모습을 바보스럽게 생각하거나, 쓸데없는 짓이라 생각하지 마라. 모든 새로운 것들은 '그것을 발견하기 이전엔 바보 같은 생각'이었음을 기억해야 한다. 그러므로 다양한 요인을 통해서 가능한 모든 것을 흡수해 상식을 파괴할 수 있도록 해야 한다.

지금까지 아는 것은
모두 잊고 시작하라

우리는 스스로 잘 인식하진 못하지만 평소에도 많은 예측을 하며 살아간다. 하지만 어떤 상황만 보고 결과를 예측하는 것은 굉장히 위험한 일이다. 예측이란 어떤 사람을 보며 '이럴 것이다'라고 생각하는 것이며 어떤 상황을 보며 '이렇게 될 것이다'라고 미리 결론을 지어 버리는 것이다. 이렇게 어떤 상황에서 강하게 예측을 하는 사람은 아무리 옆에서 그 예측이 틀렸다고 조언해도 받아들이지 않는다. 오히려 더욱 자신의 생각을 고집하게 될 뿐이다. 나는 그런 사람을 '예측을 잘하는 사람'이 아니라 '고정관념에 빠진 사람'이라고 부른다.

예측이란 어쩔 수 없는 과거의 산물이다. 과거 자신의 경험을 통해 예측을 하게 되는 것이다. 물론 경험을 통한 예측이 좋은 부분도 있지만 한번 경험하면 다른 가능성을 생각하지 못하는 오류를 범할 수도 있다. "이건 해도 안 될 거야.", "별 다른 방법이 있겠어?"라고 말하며 쉽게 포기하는 사람들은 주로 과거의 그것에 대한 실패의 경험을 가지고 있기 때문이다. 이런 예측은 창의력을 일깨우는 데 전혀 도움이 되지 않는다. '된다는 가능성보다 안 될 거라는 가능성'에 더 큰 비중을 두고 행동하는 자에겐 새로운 아이디어를 기대할 수 없기 때문이다.

만약 당신이 이런 상태라면, 어떤 일을 시작할 때 완전히 머리를 비우고 시작하기를 바란다. 즉 아무것도 존재하지 않는 상태인 '제로베이스 사고'

를 하라는 것이다.

제로베이스 사고란 과거의 모든 경험을 잊는 것이다. 그리고 동시에 뭐든지 가능하다는 포용성을 가지는 것이다. 연 매출 5,000억 정도의 튼실한 중견 중소기업의 연구소에서 시장성이 높은 상품을 개발하기 위해 매일 야근을 하며 연구를 하던 K과장은 최근 나에게 고민을 털어놓았다.

"전 정말 시장성이 높은 상품을 개발하기 위해 애를 써요. 매일 야근까지 하면서 말이죠. 그런데 왜 제가 만든 제품이 시장에서 잘 안 먹히는지 모르겠습니다. 이제 정말 좀 제대로 된 상품을 만들어 보고 싶습니다. 이제 저도 과장인데 말이에요."

그의 목소리를 절실했다. 작년에 과장이 되었는데 제대로 된 상품을 만들어 내지 못하니 회사에서 눈치도 보이는 상황이었다. 그래서 그런지 정말 시장에서 잘 팔리는 제품을 만들고 싶다는 욕구가 강력해 보였다. 나는 이렇게 충고했다.

"내가 다음 달부터 시작하는 마케팅 강의가 하

나 있는데 한번 들어 보실래요?"

그는 좀 의아해했다. 개발을 하는 사람에게 마케팅 강의를 수강하라고 하니 그는 자신을 무시한다는 생각이 들었는지 기분이 나쁘다는 표정으로 말했다.

"아니, 전 상품개발을 하는 사람이지 마케팅하는 사람은 아닌데요."

"한번 수강해 보세요. 아마 강의를 듣고 나면 많은 게 달라져 있을 거예요."

처음엔 내 강의를 듣는 것을 좀 망설이던 그도 내가 자꾸 종용하자 내 제안을 수용했다. 그렇게 그는 나의 마케팅 강의를 몇 번 들었고 수강을 마치고 나서는 완전히 다른 모습으로 변했다. 그는 내게 이렇게 말하며 고마움의 뜻을 전했다.

"왜 제게 마케팅 강의를 들으라고 하셨는지 이제 알 것 같습니다. 저는 지금까지 제가 쓰고 싶은 상품을 만들었습니다. 그간 제가 연구에만 몰두했지 마케팅이나 전략에 대해서는 전혀 생각을 하지 않았던 것 같습니다. 이제 전략과 기획에 대해서 눈을 뜨게 되었습니다. 마치 새로운 눈을 얻은 것 같은 기분입니다."

그는 이제 상품을 만들 때 상품의 미래를 볼 수 있는 전략적 발상이 가능해졌다. 서툰 예측은 실패를 선택하는 것과 마찬가지다. 그는 지금까지 연구개발에 몰두하며 쌓았던 경험으로 '이 상품은 잘 될 거야.'라는 어리석은 예측을 하며 시장성이 없는 상품을 만들었다. 하지만 이제 그의 과거는 사라질 것이다.

천재 음악가인 모차르트는 "매일 밤 죽고 아침에 다시 새롭게 태어난다."고 말하며 제로베이스 사고의 중요성에 대해서 언급했다. 최고의 전략기획자의 특징은 과거를 쉽게 잊는다는 것에 있다. 어제의 성공이나 어제의 실패에 연연하지 않기 때문에 오늘 더욱더 새로운 아이디어를 생각할 수 있는 것이다.

chapter 6

바로 지금 세상과 승부하라

젊은 시절은
생각 이상으로 짧다

당신의 삶, 당신의 젊음은 생각만큼 길지 않다. 세상과 정면 승부를 해야 하는 이 젊은 날에, 혹시 당신은 지금 이 순간에도 쓸모없는 일로 삶을 낭비하고 있지는 않는가?

"걔는 실력은 안 되면서 상사한테 애교만 떨더라."

"얼굴에 손 안 댔다고 하더니 다 고쳤던데 뭘."

"걔는 행실이 나빠."

"너는 왠지 주는 것 없이 얄미워."

혹시 당신은 습관처럼 이런 하소연만 하고 있지는 않나. 이런 이야기를 하면서 삶을 낭비하기엔 젊음이 너무나 아깝다. 이런 불평을 하는 자들의 공통점은 자신의 업무에서 능력을 발휘하지 못한다는 것이다. 일이 잘 되지 않으니 괜히 험담을 하며 남의 성공을 비하한다. 한 분야에서 최고의 실력자가 되기까지는 어느 정도 시간이 걸린다. 1, 2년 열심히 한다고 해결이 되는 문제가 아니다. 어느 정도 시간을 투자해서 견디는 시간이 반드시 필요하다.

노스웨스턴 대학의 벤저민 블룸 박사는 이 문제를 조사하기 위해 '재능 개발 프로젝트'란 연구를 실시한 바 있다. 그는 세계 정상급의 조각가, 피아니스트, 체조 선수, 테니스 선수, 수영 선수, 수학자들의 경력을 조사했다. 연구 결과 이들이 각 분야에서 세계 정상급의 실력을 갖추는 데 걸린 시간은 대체적으로 10~18년이라는 사실이 밝혀졌다.

자신이 속한 곳에서 최고가 되는 것도 마찬가지다. 사내에서 혹은 업계에서 최고의 실력자로 거듭나기 위해서는 최소 10년 정도의 시간이 필요하다. 남자들은 5년, 10년 단위로 자신의 발전 계획을 세우고 목표를 위해 노력한다. 그러나 여자들은 다가오는 결혼, 출산, 육아의 어려움 때문에 장기적으로 계획을 세우기가 사실상 어렵다. 하지만 이제 세상이 달라졌다. 여자도 뚜렷한 목표의식을 갖고 회사생활을 해야 한다. 그렇게 하지 않으면 성공은커녕 회사생활을 지속하기도 힘들다.

계획의 중요성을 말해 주는 일화가 하나 있다. 제1차 세계대전 당시 일이다. 헝가리의 수색소대가 알프스 산맥 인근을 정찰하다 폭설로 길을 잃고 말았다. 연대 본부에서는 아무리 기다려도 소대원들이 복귀하지 않자 이들을 전원 동사한 것으로 간주했다. 그런데 놀랍게도 나흘째 되는 날 수색소대는 1명의 낙오자도 없이 전원 본부로 귀대했다. 놀란 연대장이 어떻게 해서 그 폭설과 산악 지형을 뚫고 돌아올 수 있었느냐고 비결을 물었다. 그러자 소대장은 기다렸다는 듯 이렇게 말했다.

"폭설이 시작되자 저희도 처음에는 몹시 당황했습니다. 그런데 소대원 가운데 하나가 마침 산맥 지도를 하나 갖고 있어서 그걸 보면서 귀대 계획을 세울 수 있었습니다."

이 말과 함께 소대장이 건넨 지도를 살펴보던 연대장은 깜짝 놀랐다. 그 지도는 알프스 산맥 지도가 아니라 엉뚱한 피레네 산맥 지도였기 때문이다. 이 이야기는 계획과 비전이 얼마나 중요한지를 보여 주는 사례로 널리 알려져 있다. 계획이 아무런 의미가 없을 것 같은 순간에도 계획이 있다는 이유만으로도 심리적으로 안정되어 더욱 목표를 향해 매진할 수 있다는 것이다.

"뭐라고? 내가 계획을 세우면 뭐하겠어. 당장 내일 뭘 먹고 살지도 걱정인데."

이렇게 말하는 사람도 있을 것이다. 그렇다면 더욱 계획과 비전을 마련해야 한다. 모든 일에는 순서가 있다. 집을 사고 싶다면 일단 돈을 모아야 하고 돈을 모으기 위해서는 남들보다 더 열심히 일을 해야 한다. 여기에 그치는 게 아니다. 열심히 일을 하고 싶다고 누구나 일을 할 수 있는 것은 아니기 때문이다. 직장을 구할 수 있는 능력을 기르고 자기계발에도 힘을 쏟아야 한다. 모든 게 이렇게 순서가 있다. 그리고 그 순서를 정하려면 계획을 먼저 세워야 한다. 순서는 철저하게 계획을 통해 통제되고 관리되기 때문이다.

당장은 불가능해 보일지 모를 계획이라도 하나씩 차근차근 접근해 나가다 보면 언젠가는 달성가능한 목표가 될 수 있을 것이니 희망을 갖고 지금부터 시작해 보자.

우리는 모두
변할 수 있다

사람은 쉽게 변하지 않는다고 한다. 하지만 나는 이 세상의 모든 사람은 변할 수 있다고 생각한다. 지금 부정적인 생각으로 혹은 세상의 모든 고통을 혼자 지고 있는 것 같은 우울한 눈빛으로 살고 있다고 해도 얼마든지 긍정적으로 변할 수 있다고 생각한다. 그래서 나는 '이부진에 대해서 부정적인 이미지를 가지고 있는 사람'과 '책 한 권이 내 인생을 바꿀 수는 없을 거야'라는 생각을 하는 독자들도 꼭 이 책을 읽어 주기를 바란다. 나는 최고의 열망을 가진 이들에게 힘을 주고 싶은 마음도 강렬하지만 삶을 포기하거나 부정적으로 바라보는 많은 분들에게 삶에 대한 열망을 주고 싶은 마음이 더 강하기 때문이다.

분명 이런 나의 생각은 작가입장에서는 위험하다. 그들이 이 책을 읽고도 생각이 바뀌지 않아서 내 책에 대한 비판을 하고 다닐 수도 있기 때문이다. 하지만 나는 단 1%의 독자에게라도 자신의 삶이 변화했다는 이야기를 들을 수 있다면 그걸로 행복할 수 있을 것 같다. 나는 '여러분도 나도 모두 변할 수 있다'는 것을 믿는다. 내가 이 부분을 책의 앞부분에 배치하지 않고 거의 뒷부분에 배치하는 것도 독자들의 변화에 대한 적당한 평가를 받고 싶은 이유다.

지금 어제의 나에게 이런 질문을 한번 던져 보라.

"찢기고 상처받았으면서도 멈추지 않고 마지막 힘을 다해 끝까지 달린 이유가 뭐야?"

어제의 내가 이렇게 대답할 것이다.

"일어서지 않았다면, 그리하여 내가 끝까지 달리지 않았다면 지금의 이름은 없는 거야."

그렇다. 상처받고 사는 게 어려워도 멈추지 않고 달렸기에 오늘의 내가 있는 것이다. 모든 성공자의 이름엔 아픔과 고통을 견딘 근육이 존재한다. 당신이 알고 있는 당신이 존경하고 있는 그 사람이 만약 삶의 아픔을 견디지 못하고 끝내 주저앉고 말았다면 지금 그 사람이 가지고 있는 이름을 가지지 못했을 것이다.

나 역시 마찬가지였다. 나는 부자로 태어나지 않았다. 아니 오히려 열등했고 가난한 가정에서 자랐다. 한창 미국과 유럽에서 수입된 운동화와 청바지가 유행할 때 나는 철물점에서 파는 운동화를 신고 다닐 정도로 가난했다. 가난은 쉽게 사라지지 않았고 나는 그런 자신을 비하하고 희망이 없을 것이라고 생각하며 살았다. 하지만 어느 날 나는 변했다. 가난이 부끄러운 게 아니라 꿈이 없는 게 부끄러운 것이라는 사실을 깨달았기 때문이다. 그 순간 나는 변했다. 학교를 다니고 있는 학생 신분으로는 가난이라는 환경을 바꿀 수 없지만 돈을 벌 수 있는 나이가 되면 반드시 가난의 굴레를 벗어나 상류층으로 도약할 수 있을 것이라 생각했다. 아니 그건 확신에 가까웠다. 그래서 당장 하고 싶은 걸 못하고 입고 싶은 옷을 입지 못해도 불평하거나 주눅들지 않았다.

그때의 희망처럼 지금 나는 과거와는 전혀 다른 생활을 하고 있다. 대한민국 하위 10%의 삶을 살던 과거와는 달리 지금은 상위 10%의 삶을 살고 있다. 이러한 인생의 반전은 누구나 가능하다. 물론 당신이 삶을 바라보는 태도의 변화가 시작돼야 가능하다. 같은 집에 사는 형제라도 삶을 바라보는 태도는 제 각각이다. 그래서 같은 환경이어도 다르게 자란다. 재벌가에서 태어나더라도 마침내 거지로 일생을 마감하기도 하고 자살을 하기도 한다. 반대로 기업을 잘 이끌어 더욱 발전된 삶을 살아가는 사람도 있다.

그래서 나는 더 확신한다. 환경은 인생의 성공을 결정하는 데 그렇게 중요한 요소가 아니라는 것을 말이다. 환경의 차이를 자꾸 언급하는 자들은 가만히 앉아서 누가 나를 좀 업고 좋은 곳으로 데려가 주기를 바라는 자들이 대부분이다. 그들은 스스로 움직여서 원하는 삶을 쟁취하고자 하는 사람들이 아니다.

김연아는 "점프는 정직하다."고 말했고 한국 최고의 야구선수인 박찬호는 "공은 정직하다."고 했다. 여기서 말하는 '정직'이란 달리 말하자면 노력일 것이다. 무엇이든 그 성과는 노력에 대한 정직한 결과다. 리더십도 우연은 있을 수 없다. 리더십 관련 책은 필요 없다. 가장 먼저 갖춰야 할 것은 테크닉이 아니라 실력이기 때문이다. 기본적으로 실력이 없는 상사가 리더십에 대한 테크닉이 화려하다는 이유로 부하직원의 존경을 받을 순 없다.

이부진 역시 학창시절에는 수업을 잘 듣고 예의

가 바른 모범생에 불과했다. 성적 역시 아주 좋은 편은 아니었다. 게다가 다른 재벌가 자제들처럼 유학을 다녀온 것도 아니었다. 그래서인지 이부진이 2001년 호텔신라의 기획팀 부장으로 왔을 때 그녀의 능력을 반신반의하는 사람이 많았다. 지금은 전혀 그런 사람이 없지만 그땐 이부진을 두고 '부모 덕'에 출세한다고 평가절하하는 사람들이 있었다. 또 한편으론 이부진 부장이라는 직함에는 '부'자와 '장'자 사이 '회'자가 빠진 게 아니냐며 그녀의 인사 발령을 비아냥거리는 사람들도 있었다.

그러나 그녀는 실적을 바탕으로 한 강력한 카리스마로 호텔신라를 장악해 갔다. 호텔신라의 대대적인 업그레이드 작업에 돌입해 호텔의 대표적인 저수익 사업인 식음, 연회 부문에서 24개월 연속 업계 시장점유율 1위라는 놀라운 실적을 올리기도 했다.

이부진이 그랬듯 우리는 모두 변할 수 있다. 변화를 결심하고 세상의 중심에 와서 당당하게 서

라. 물살의 영향을 가장 덜 받는 곳은 물살의 중심이다. 흐름에 쏠려 다니지 말고 흐름의 중심에 서 있어라. 그리하여 파동이 주는 충격을 받지 말고 스스로 자신의 이름으로 파동을 일으켜라.

'건강이 최고다'라는 피난처에서 벗어나라

　'건강을 잃으면 모든 걸 잃는 것이다'라는 말을 하는 사람의 대부분은 건강을 절대 잃지 않을 것 같은 튼튼한 사람들이다. 나는 그런 사람들에게 이런 말을 해 주고 싶다.

"당신 너무 튼튼한 거 아닌가요? 지금 당신은 건강을 챙기는 것보다 당신의 꿈을 챙겨야 할것 같은데……."

이런 내 말에 '돈을 잃으면 조금 잃은 것이요, 명예를 잃으면 많이 잃은 것이다. 그러나 건강을 잃으면 전부를 잃은 것이다'라고 말하며 역시 건강이 최고라고 말하고 싶다면 나도 더 이상 아무 말도 하고 싶지 않다. 건강 걱정 하면서 그렇게 계속 튼튼하게 살 수 있기를 바라겠다. 내가 밤낮을 잊은 채 열심히 일을 하며 살 때 주변에서 가장 자주 들었던 말은 바로 이것이다.

"지금 네가 젊으니까 모르지 그렇게 일만 열심히 하다가는 늙어서 몸이 아파서 고생한다."

하지만 나는 절대 그렇게 생각하지 않는다. 그 이유는 우리나라의 노인빈곤율에 있다. 놀랍게도 우리나라의 노인빈곤율은 세계 1위다. 내가 여기에서 우려하는 것은 빈곤이 자살로 이어지는 악순환이다. 2011년에 국회 행정안전위원회에서 제시한 자료에 따르면 우리나라의 노인빈곤율은 OECD 평균 13.3%의 3.4배에 달하는 수치인 45.1%로 세계 1위이며 노인 자살 원인 중 34%는 경제적 어려움 때문이라고 한다. 아마 내게 그만 일 좀 하고 몸을 돌보라고 말했던 사람들 중 일부의 미래가 아닐까 생각이 된다.

사실 그들은 열심히 일을 하고 있는 나의 열정이 부러웠고 나날이 발전하는 내 모습에 위기감을 느꼈던 것이다. 진짜 비참한 노후는 몸은 건강한데 돈이 없는 것이다. 뭐든 할 수 있을 만큼 몸이 건강한데 집밖으로만 나가면 돈이니, 도무지 할 수 있는 게 없는 상황에 닥치면 기분이 어떨 것 같은가? 아마 미치기 일보 직전일 것이다. 그런 삶이 하루하루 반복되면 결국엔 그게 병이 되어 자신을 망치게 된다.

나는 여러분이 그런 삶을 살기를 바라지 않는다. 비참한 노후를 맞지 않으려면 먼저 삶의 태도를 바꿔야 한다. 그것도 아주 완벽하게 말이다.

누구는 하루에 3시간을 일하고 너무나 힘들다고 말하고, 누구는 하루에 3시간을 자면서 일하고도 자는 시간이 아깝다고 말한다. 이 둘의 차이는 그 일에 대한 절실함 차이인 것이다. 당신 안에 있는 성공에 대한 절실함을 끄집어내야 한다. 오직 그 간절함의 농도가 당신의 삶을 일으킬 수 있는지 없는지를 결정할 것이다. 하지만 '간절함'이라는 감정은 측정이 불가능하기 때문에 개인차가 있기 마련이다. 그래서 진짜 간절하다는 게 무엇인지 지난 2009년 9월 인도네시아에서 일어났던 사건을 예로 들어 설명하며 독자들의 이해를 돕고자 한다.

겨우 열여덟 살의 나이로 인도네시아에서 건설노동자로 일하는 '람란'이라는 소년이 있었다. 어느 날 공사현장에서 일하고 있는데 7.6규모의 강진이 발생했다. 당시 람란은 건물 7층에서 일하고 있었는데 갑자기 건물이 흔들려 미처 빠져나오지 못했다. 소년은 탈출하려고 갖은 애를 썼지만 오른발이 2톤짜리 콘크리트 더미에 깔려 있는 상태였다. 그 순간 람란은 중요한 질문을 던졌다.

"죽는 게 두려운가? 다리를 자르는 게 두려운가?"

세상에 목숨이 화두가 되는 질문보다 더 절실

한 질문은 없다. 이 질문을 통해 무엇이 더 두려운 것인지를 깨달은 람란은 문제를 해결하기로 결심하고 결국 스스로 다리를 자르기 시작했다. 하지만 다리를 자르는 것은 열여덟 살의 소년에겐 너무 어려운 일이었다. 10분 정도가 지나자 람란은 힘이 빠져버렸다. 그래서 람란은 삼촌에게 자신을 도우러 와 달라고 문자 메시지를 보냈다. 당시 2층에서 있던 삼촌 에만은 문자를 받고 달려와 나무 톱으로 15분에 걸쳐 조카의 다리를 절단했다.

여기서 더욱 놀라운 사실은 람란은 다리를 자르는 동안 의식이 멀쩡했다는 것이다. 두 눈을 뜨고 톱으로 자신의 다리가 잘려 나가는 것을 15분이나 목격하고 있었다는 것이다. 에만은 수건으로 람란의 다리를 감싼 다음 다른 동료들의 도움을 받아 조카를 인근 병원으로 옮겼고 람란은 생명을 건질 수 있었다. 무엇이 다리가 잘려 나가는 아픔을 감내할 수 있게 만든 것일까? 람란의 의식이 멀쩡한 상태로 자신의 다리를 자르고 생명을 유지

할 수 있었던 것은 삶에 대한 절실함이 강했기 때문이다.

    당신이 가진 게 부족하고 남들보다 타고난 조건이 열악하다고 불평하지 마라. 그보다 중요한 건 그것에 대한 절실함이다. 절실하면 무엇이든 이룰 수 있다. 또한 건강을 피난처 삼아 덜 일하고 더 많이 쉬는 삶에서 벗어나라. 당신은 지금 생각 이상으로 건강하다. 몸은 당신이 명령하면 움직인다. 움직이지 않으려는 것은 당신의 생각이다. 결국 당신이 피곤하다면 그건 당신의 몸이 아니라 생각이 피곤한 것임을 명심하자.

힘이 있는 자가
주도권을 쥔다

최근 이부진은 스스로 이건희에게 "건설업도 배우고 싶다."고 말했고 이건희가 이를 승낙했다. 이에 대해 삼성물산 고위 임원은 "이 전무가 건설업을 공부하고 경험한다는 목적이 크다. 에버랜드 사업과 삼성물산 건설부문을 연계해 시너지 효과를 높인다는 의미로 이해해 달라."고 말하지만 우리는 이부진이 왜 건설업까지 공부를 하고 싶다는 생각을 했는지에 관심을 둬야 한다. 이부진은 계열사의 모든 부문의 일을 조금씩 경험을 하면서 나중에 더 큰 일을 하기 위한 준비를 하고 있는 것이다. 한편으로는 다른 부문에 대한 이해를 높이면서 자신이 맡고 있는 각 부문의 사업을 연합해서 시너지 효과를 이용해 매출을 혁신적으로 높이려는 의도를 가지고 있다. 물론 다양한 분야의 사업을 진행하려면 치열한 공부가 필요하다. 하지만 그녀가 그걸 감당하는 까닭은 그게 자신의 힘을 키우는 가장 좋은 방법이라는 것을 잘 알고 있기 때문이다.

그런 이부진이기에 그녀는 성장동력 발굴에 관심이 많다. 2010년에는 에버랜드의 '2020 비전'을 발표하며 의욕적으로 성장동력을 찾겠다는 의지를 보였다. 매출규모를 2009년 1조 8,000억 원에서 2020년까지 연간 8조 원대로 끌어올린다는 엄청난 계획이기 때문에 더욱더 매출을 올릴 수 있는 혁신적인 성장동력이 필요하다. 지금 삼성내부에서는 맡는 분야마다 혁신적인 성과를 올리는 이부진이 건설분야까지 참여하면서 다른 건설사와는 차별된 가치를 만들 것이라 기대하고 있는 상태다. 이부진이 맡았다는 이유만으로 기대가 형성이 되는 상황이다.

이부진이 다른 분야에 대한 경험을 하면서 혁신적인 성과를 올리려고 노력하는 이유는 누구보다도 강력한 힘을 가지기 위해서다. '힘이 있는 자가 이긴다'는 것을 이부진은 알고 있다. 당신도 이부진처럼 힘을 얻기를 원한다면 세상을 바라보는 눈부터 바꿔야 한다. 선거를 통해 우리는 나라를 위해 획기적인 변화를 만들 수 있는 유능한 사람을 뽑아야 한다. 하지만 많은 사람들은 그들이 국민을 위해 봉사를 하며 진정한 서민의 편이 되어주기를 바라는 마음으로 투표를 한다. 그리고 선거가 끝난 후 "역시 이번에도 잘못 뽑았어."라고 말하며 실망을 감추지 않는다. 그렇게 죽을 때까지 많은 사람들이 정치인에게 배신을 당한다.

왜 그럴까? 왜 그들은 당신의 바람대로 정치를 하지 않는 것일까? 그건 정치인들이 자기가 좋은 방향으로 살기 때문이다. 그렇지 않은가? 당신도 자신이 좋기 위해서 사는 거지, 남을 위해 사는 것은 아니지 않는가? 사업가가 남들 기분을 좋게 만들기 위해서 치킨을 굽고, 술을 파는가? 다른 사람 비 맞지 말라고 아까운 자기 시간을 내서 우산을 만들어 파는 건가? 판매를 하는 목적은 이득을 얻는 것이다.

정치 역시 마찬가지다. 정치인 역시 '자기 좋으니까 하는 일'이다. 야당에 있든 여당에 있든 그 자리가 자신에게 적합한 자리고, 설령 다른 자리가 탐나더라도 이동할 수 있는 능력이 부족하기 때문에 자리를 옮기지 못하는 것이다. 그러다 옮길 수 있는 힘이 생기면 야당에서 여당으로 과감하게 자리를 옮긴다. 이때 많은 사람들은 그를 철새 정치인이라고 비난하며 욕을 한다. 하지만 그가 비난을 들으면서도 옮기는 이유는 옮기는 게 자신에게 더 이득이 되기 때문이다. 그들은 변절자가 아니라 이제 힘의 중심에 설 수 있는 능력을 지닌 능력자라고 볼 수 있다. 변두리에서 살고 싶은 사람은 없다. 누구나 힘을 가지게 되면 세상의 중심에서 떵떵거리며 살고 싶다.

이부진은 세계 최고의 경영자가 되고 싶다는 목표를 가지고 있다. 최고가 되기 위해서는 최고의 힘이 필요하다. 그래서 그녀는 끊임없이 자신을 괴롭히면서 새로운 것에 도전하고 쟁취하는 것을 멈추지 않고 있다.

당신은 생각보다 멋진 여자다

멋진 사람들로 가득찬 모임에서 한 남자가 함께 춤출 상대를 찾고 있다. 주변을 한참을 둘러보던 그는 마침내 매력적인 여자를 발견했고 다가가 대화를 시도했다.

"안녕하세요, 저와 함께 춤을 추시겠어요?"

여자는 깜짝 놀라는 얼굴로 이렇게 대답했다.

"저? 저 말인가요?"

"그럼요, 여기 당신 말고 또 누가 있나요? 혹시 제가 마음에 들지 않는 건가요?"

남자가 실망한듯 대답하자, 여자는 의외라는 표정으로 이렇게 대답했다.

"전혀요, 그런 의미가 아니에요. 당신이 나를 선택한 게 이상해서요.

"뭐가 이상하죠? 당신은 충분히 매력적인 여자입니다."

"설마, 보세요. 저는 눈도 별로 크지 않고, 키도 평균 이하에요. 게다가 남들처럼 멋지게 입고 오지도 못했구요. 이런 저와 그래도 춤을 추시겠어요?"

그러자 남자는 '다시 생각해 봐야겠다'는 말을 남기고 그 자리를 떠났다.

여자는 자신의 장점을 완전히 배제한 채 부정적인 면만 지나치게 부각시키고 있다. 거울의 깨진 부분에 비치는 자신의 모습만 바라보려는 습성을 가지고 있는 것이다. 이런 현상은 자신에게도 좋지 않지만 더욱 문제가 되는 것은 스스로 자신을 왜곡시켜 바라보기 때문에 무능감이 든다는 것이다.

이런 사람들의 특징이 바로 다른 사람은 정확하게 보면서 정작 중요한 자신은 정확하게 보지 못한다'는 것이다.

이런 습성은 지금부터 내가 제시하는 '자기 묘사' 방법을 통해서 충분히 고칠 수 있다.

당신의 장점과 단점을 적절히 섞어서 자신에 대한 공정하고 정확한 묘사를 한 번 시도해 보는 것이다. 이를 테면 이렇게 말이다.

"나는 159cm의 키에 50kg이고, 평균 이하의 작은 눈을 가지고 있지만 상당히 예쁜 코를 가지고 있다. 그리고 허리 사이즈는 29인치로 조금 두꺼운 편이지만, 예쁘고 탄력이 있는 엉덩이를 가지고 있다. 또한 나는 사람들이 놀랄 만큼 뛰어난 영어 실력을 가지고 있다. 그래서 사람들은 나를 적극적이고 유능하다고 생각한다. 그러나 사실 나는 내가 관심이 있는 분야만 공부한다는 단점이 있어 다양한 지식을 가지고 있지는 않다. 직장에서는 직업의 특성상 서류 작업을 많이 해야 하는데, 덜렁거리는 성격 때문에 가끔 실수를 해서 상사에게 꾸지람을 듣기도 한다. 하지만 현장에 나가 영업을 할 때는 나는 꽤 뛰어난 직원이다. 게다가 상대가 영어를 쓰는 바이어일 땐, 더욱 더 뛰어난 능력을 발휘한다."

이렇게 자신의 취미나 신체, 그리고 직장에서의 업무 능력을 정확하게 묘사를 하다 보면 스스로 자신의 장점과 단점을 파악할 수 있게 된다. 이런 자기 묘사는 시간이 날 때마다 정기적으로 하는 게 좋다. 가장 좋은 방법은 자신에 대한 묘사를 직접 종이에 써서 그것을 소리 내서 읽어보는 것이다. 가사가 정확하게 이해가 되야 가슴을 울리는 노래를 할 수 있듯 자신에 대한 정확한 정보를 가지고 있어야 자신의 삶을 사는 게 가능해진다.

그렇게 자신에 대해서 정확하게 알게 되는 단계에 이르게 되면, 가장 중요한 '장점 극대화' 단계를 거치는 게 좋다. '나는 긍정적이고, 새로운 것을 배우는 것을 좋아한다. 게다가 능력 있고 열심히 일을 하는 사람이다'처럼 간단하게 자신의 장점만을 A4 사이즈의 종이에 써서 그것을 자주 보는 냉장고나 모니터 옆에 붙여라. 작은 사이즈로 만들어서 늘 들고 다니는 지갑에 붙이는 방법도 좋다. 많은 사람들이 이런 방법을 유치하다고 생각하는데, 어찌 당신의 삶을 위한 일이 유치할 수가 있는가. 이렇게 당신의 장점이 담긴 종이를 반복적으로 보게 됨으로 해서 당신은 당신의 단점보다는 장점에 주목하면서, 장점을 강화시킬 수 있을 것이다. 그게 자신에게 자신감을 주고, 결과적으로 모든 불가능한 것을 가능하게 만드는 힘이 되어 줄 것이다.

그대의 영향력을 폭발시켜라

어느 날 강남에 있는 커피전문점에서 친구를 기다리며 앉아 있었는데 옆 자리에서 친구로 보이는 두 여자가 나누는 대화를 듣게 되었다. 말투나 외모로 보아 서른 정도된 듯했다. 그들은 공통적으로 나이에 대한 두려움을 가지고 있는 것 같았다. 하지만 분위기는 서로가 달랐다. 분위기만으로도 열정이 가득하다는 게 느껴지는 한 여자가 마주앉은 친구에게 이렇게 말했다.

"나, 이제 내 꿈을 찾았어. 지금 하고 있는 일

은 그만두고 꿈을 향해 가야겠어."

그 이야기를 들은 친구는 잠시 당황한 얼굴이었다. 그리고 이렇게 말했다.

"너, 미쳤니? 지금 네 나이가 몇인데, 빨리 좋은 남자 만나서 시집 갈 생각이나 해."

나는 그 말을 했던 그 여자의 표정을 잊지 못한다. 가식이나 꾸밈이 없는 자연 그대로의 반응이었기 때문이다. 친구의 입에서 나온 반응은 충고에 가까웠지만 숨길 수 없는 표정에서는 당황스러운 마음이 그대로 나타났다. 그 표정을 한 문장으로 이야기하자면 이렇다.

'혹시, 얘가 나보다 더 잘되면 어쩌지.'

사실 이런 대화는 자주 일어난다. 많은 사람들이 "내 꿈을 찾아 떠나겠다."고 말하면 상대방의 반응은 한결같다. "네 나이가 몇인데.", "왜 고생을 사서 하니?"와 같은 부정적인 반응들이다. 하지만 그렇게 말하는 사람들의 속마음은 다르게 말하고 있다.

'나는 고생을 사서 할 생각이 없으니, 뭘 할 생각은 하지 말고 여기 나랑 같은 자리에서 그냥 편하게 살자.'

뭐 대충 이런 마음이다. 좀 더 직설적으로 말하면, '네가 나보다 잘되면 내가 얼마나 배가 아프겠냐? 지금처럼 그저 그런 수준으로 평생 같이 살자. 뭐 힘들게 꿈을 찾으려고 그래.' 정도로 표현할 수 있다.

당신 주변에 그런 사람들이 있다면 당장 그들과의 관계를 끊으라고 말하고 싶다. 얼핏 당신을 진심으로 걱정해 주는 것 같지만 사실 당신의 발전에 아무런 도움이 되지 않는 사람들이다. 그들의 말에 신경을 쓰지 말고 꿈에 대한 열망을 키우는 데 힘을 쏟아라. 꿈과 열망이 가득한 사람은 말릴 수가 없다. 꿈과 열망이 가득한 사람은 아무리 상대방이 자신을 말려도 자신의 꿈을 이루기 위해 열정이라는 동력을 작동시킨다. 그때부터 당신의 영향력은 폭발하게 될 것이다. 열정을 가지고 살 것인가, 아닌가에 대한 문제는 사는 방식의 차이일 수 있다.

우리는 직업에는 귀천이 없다고 말한다. 맞는 말이다. 하지만 삶을 사는 방식에는 귀천이 있다. 직업은 중간에 그만둘 수도 있지만 살아가는 방식은 그만둘 수 있는 것이 아니기 때문이다.

이 책을 읽는 독자의 나이는 아마도 대부분 서른 안팎일 것이다. 여자 나이 서른. 대학을 졸업하고 취직을 했다면 이제 다니고 있는 그 회사에 어느 정도 적응하고 모든 업무가 익숙해졌을 시기다. 하지만 두려운 서른이기도 하다. 나이의 벽 앞에서 뭔가를 시작하고 싶은 욕구가 가장 강한 시기다. 이 시기에 조금만 더 힘을 내기를 바란다. 지금 힘을 내는 사람과 움츠린 채 안정을 추구하는 사람의 미래는 다를 것이다. 당신의 영향력이 세상 끝까지 전해지도록 힘을 내길 바란다.

절대, 절대, 절대로 태어난
그 자리에 만족하지 마라

김연아는 2011년 4월 30일 러시아 모스크바에서 열린 2011 국제빙상연맹(ISU) 세계피겨선수권대회 여자 싱글 프리스케이팅에서 은메달을 차지하며 건재함을 증명했다. 그러나 시상대에 오른 김연아는 그간 보여 주지 않았던 이상한 행동했다. 마치 오열하듯 얼굴을 가리고 펑펑 울었던 것이다.

2009 LA 세계피겨선수권대회와 2010 밴쿠버 동계올림픽, 이 두 번의 눈물은 세계챔피언으로서

흘린 기쁨과 감격의 눈물이었기에 이해가 되지만 이번에 그녀가 흘린 눈물은 전혀 이해가 되질 않았다. 시상식 풍경을 잠시 살펴보자. 그녀는 시상식장에 들어설 때만 해도 평소처럼 담담하고 여유 있는 모습이었다. 그런데 시상대에 올라 은메달을 목에 거는 순간부터 눈물을 보이기 시작했다. 처음에는 눈시울을 적시는 정도였지만 눈물이 점점 많아지더니 나중에는 아예 눈물을 줄줄 흘렸다. 눈물이 얼마나 흐르는지 손으로, 소매로 닦아 내기가 어려울 정도였다. 관중들의 격려박수에 미소를 지어 보지만 흐르는 눈물을 주체 할 수가 없었다. 김연아는 공식 기자회견에서 눈물에 대해서 이렇게 말했다.

"나도 왜 울었는지는 잘 모르겠다. 그냥 그곳에 서 있었다는 것 자체가 울컥했던 것 같다. 힘든 시간을 거치고 오랜만에 섰다는 느낌이 울게 만든 것 같다."

하지만 나는 그녀의 공식답변에서 그녀가 눈물

을 보였던 진짜 의미를 찾을 수 있었다. 그것은 바로 '질투'였다. 힘든 시간을 거치고 오랜만에 선 무대에서 자신의 기량을 모두 보여 주지 못해서 든 억울한 마음이 그녀를 울게 만든 것이었다.

김연아를 지금의 위치에 오르게 만든 건 질투였다. '동양인은 피겨 부분에서 서양인을 이길 수 없다'는 사람들의 생각에 오기를 품고 '내가 세계를 호령해 보겠다'는 목표를 가졌고 그 목표를 지금까지 이어온 것이다. 결국 김연아의 눈물은 그녀가 아니라 그녀의 질투가 흘린 눈물이다. 결국 그 질투가 다시 그녀를 일으켜 세울 것이다. 그리고 곧 그녀는 다시 금메달을 목에 걸게 될 것이다.

질투는 나쁜 게 아니다. 잘만 이용한다면 말이다. 질투가 없으면 발전도 없다. 질투를 가지지 않으면 상대를 이기고 최고의 자리에 오를 수 없다. 질투는 경쟁심리를 유발해 질투의 대상을 닮고자 노력하게 만든다. 질투를 잘 활용할 때 사람은 한 단계 발전할 수 있다. 그래서 '성공한 사람'이란 영

광의 호칭은 '질투를 잘 이겨낸 사람'의 다른 표현일 수도 있다.

나는 '부러우면 지는 거다'라고 말하는 사람은 루저라고 생각한다. 누가 봐도 부러울 상황인데 자신의 비참함을 자신만 인정하지 않는다고 그 상황이 사라지는 건 아니다. 차라리 남의 뛰어난 능력을 진심으로 부러워하고 그 격차를 따라잡기 위해 노력하고 질투하라. 결국 비교대상과 동일한 수준에 오르거나 능가했을 때 질투는 자연스럽게 사라질 것이다.

많은 사람들이 이부진은 많은 것을 가진 여자라고 생각한다. 가는 곳마다 매출을 배로 높이면서 성과를 올리고, 다양한 계열사를 맡으면서 승승장구하고 있다. 상황이 이러니 그녀를 바라보는 시선 역시 경영 능력을 부러워하는 시선이 대부분이다. 그래서 많은 사람들은 '이 정도면 충분하지 않을까'라는 시선으로 그녀의 행보를 바라본다. 하지만 이부진은 전혀 그렇게 생각하지 않는다.

지금까지 거둔 것은 자신이 이루고 싶은 것의 10%도 되지 않는 다는 듯 더욱 광폭 행보를 보이고 있다. 수많은 세계 최고의 CEO들을 바라보며 그들에게 질투를 느끼고 반드시 이기겠다는 열망을 가지고 있기 때문이다. 당신도 그녀처럼 지금보다 더 많은 것을 부러워하고 질투하라. 그게 당신의 힘이 되어 줄 것이다.

에필로그

실력을 갖추지 않은 채
'레이디 퍼스트'를 요구하지 마라

"넌 할 수 없을 거야."
"넌 자격이 없어, 네가 뭔데!"
"힘든 일을 왜 시작하는 거야?"

이 말들은 남이 당신에게 하는 말이 아니다. 놀랍게도 자신이 스스로에게 하는 말들이다. 우리는 생각 이상으로 자신에게 긍정의 말을 하지 않는다. 마치 성공을 두려워하는 사람처럼 늘 스스로 수치감을 느낄 만큼 부정적인 말을 하곤 한다. 이렇게 바꿔 말하면 어떨까?

"나는 모든지 할 수 있는 유능한 여성이다."
"나는 행복을 즐길 자격이 있다."
"내가 원하면 누구도 날 막을 수 없다."

그리고 당신이 가진 옷 중에서 가장 예쁘다고 생각되는 옷을 입고 당신의 모습을 바라보라. 거울에 비친 당신의 옷과 당신의 모습을 예쁘다고 칭찬하라. 옷깃을 정돈하고, 미소가 가득 담긴 웃음을 지어 보여라. 당신이 그렇게 미소를 지을 때 얼마나 아름다운지 그 순간의 느낌을 잊지 마라. 그리고 이렇게 외쳐라.
'나는 지금 이 순간 내 모습이 정말 좋아'

그리고 앞으로 나가라. 아무도 당신을 막지 않는다. 아무도 당신이 걷는 걸 방해하지 않는다. 당신은 걸을 수도 뛸 수도 있다. 문제는 당신 자신이다. 당신을 막는 건 당신 자신이기 때문이다. 당신 스스로 자신의 발전을 막아온 지난 세월이 아깝지 않은가. 이제 그만 당신을 자유롭게 풀어줘라. '당신의 인생이 후회없는 인생이 될 것인가 아닌가'에 대한 결과는 당신에게 달렸다.

나는 새로운 사람을 만날 때마다 이 사람이 후회 없는 인생을 살 수 있는 사람인지 아닌지를 판단하기 위해 반드시 묻는 질문이 하나 있다.

"회사에서 당신의 꿈은 무엇입니까?"

질문은 너무나 간단하지만 다양한 대답이 나온다.

"요즘 같은 시기에 뭐 별 다를 게 있나요. 그냥 버티는 거죠 뭐."

"남들이 과장 달 때 과장하고, 부장할 때 부장하는 거요. 그저 남들처럼만."

하지만 내가 가장 자극을 받고 이 사람이라면 분명 후회 없는 인생을 살 것 같다는 인상을 받게 되는 대답은 바로 이 짧지만 강렬한 대답이다.

"사장이 되는 겁니다!"

'그냥 버티는 게' 꿈이라는 사람과 남들처럼만 회사생활을 하고 싶다는 사람에게는 전혀 삶의 의욕이나 힘을 느낄 수가 없다. 죽은 사람과 마찬가지다. 하지만 사장을 목표로 일하는 사람을 만나면 곁에 있는 사람에게까지 영향을 미치는 폭발적인 힘을 느낄 수 있다. 그리고 그런 사람들이 최고의 성과를 내고 마침내 임원이 되고 승승장구한다.

한 번 사는 인생, 그럭저럭 살고 싶은가? 어차피 꾸는 꿈이라면 좀 더 크고 높은 꿈을 꾸라. 그래야 그 꿈이 깨져도 조각이 커, 조각만으로도 남들 이상의 꿈을 실현할 수 있다. 하지만 불행하게도 작은 꿈에 만족하는 사람은 작은 성공 안에 머물게 된다. 꿈이 크면 클수록 자신의 한계를 넘기 위해 더욱더 노력하게 되고 그러면 후회하지 않는 인생을 만들 수 있을 것이다.

밥 호스킨스라는 영국의 유명한 영화배우가 있다. 그는 비중 있는 조역을 주로 맡는 명배우다. 그런데 이 사람이 영화배우가 된 계기가 참 흥미롭다. 어느 날 친구를 만나러 극장에 갔는데 갑자기 어떤 사람이 뛰어들어오면서 대본을 획 던져주며 외치더란다.

"다음은 당신 차례야."

그러고 그는 자기 자리로 떠나 버렸다. 밥 호스킨스는 엉겁결에 대본을 읽고 들어가서 연기를 했다. 즉석에서 어떤 영화에 조역으로 출연을 하게 됐던 것이다. 그 전까지 돈벌이가 시원찮아서 끼니를 걱정해야 했던 그는 우연히 맞게 된 일로 바로 인기 배우의 반열에 오르게 된다. 이 사람은 훗날 당시를 회상하면서 이렇게 말했다.

"누구에게나 우연히 행운이 찾아들 수 있지만 그걸 자신의 것으로 만들 수 있는 사람은 미리 준비한 사람이다."

한번 생각해 보라. 당신이 밥 호스킨스라면 바로 대본을 읽고 불쑥 오디션장에 뛰어들어 당당한 모습으로 연기를 했겠는가. 그런 점에서 그는 우연을 필연으로 만든 사람이다. 보통 사람들도 마찬가지다. 행운은 아주 가끔 찾아온다. 당신이 그 행운을 성과로 이어가지 못하는 것은 평상시에 아무것도 준비해 두지 않았기 때문이다.

이제 당신의 선택만이 남았다. 당신은 변화를 선택하겠는가? 언제나 그렇지만 당신은 할 수도 있고 하지 않을 수도 있다. 이건 정말 중요한 부분이다. 누구도 당신에게 하라고 강요하지 않는다. 선택은 언제나 의지의 결과다.

그대여, 당신이 무엇을 선택하든 나는 꼭 이 한마디를 전해 주고 싶다. 예외를 만드는 것은 돈도, 인맥도 아닌 오직 당신의 실력이라는 것을 말이다.

나는 이부진에게서 다른 것을 본다. 그녀가 앞으로 이끄는 삼성은 모두가 상생할 수 있는 최선의 기업이 될 수 있을 거라는 희망을 발견할 수 있다. 모두를 위한 길이 나를 위한 길이다. 이부진은 그것을 잘 알고 있다. 그래서 나는 '이부진의 10년 후'에 더욱 기대를 건다.

이부진 스타일

펴낸날	초판 1쇄 2011년 6월 25일
	초판 8쇄 2014년 11월 5일

지은이	김종원
펴낸이	심만수
펴낸곳	(주)살림출판사
출판등록	1989년 11월 1일 제9-210호

경기도 파주시 교하읍 문발리 파주출판도시 522-1
전화 031)955-1350 팩스 031)955-1355
기획·편집 031)955-1377
http://www.sallimbooks.com
book@sallimbooks.com

ISBN 978-89-522-1585-7 03320

※ 값은 뒤표지에 있습니다.
※ 잘못 만들어진 책은 구입하신 서점에서 바꾸어 드립니다.